Anita Ryter

1796. Eine Frau wird enthauptet

Anita Ryter

1796. Eine Frau wird enthauptet
Spurensicherung
im Fall Margaritha Hürner

Cosmos Verlag

Anita Ryters historische Arbeit über die Thuner Kindsmörderin Margaritha Hürner ist 1999 beim Wettbewerb «Schweizer Jugend forscht» mit dem Prädikat «Hervorragend» ausgezeichnet worden. Die Autorin hat fast ein Jahr lang weitergeforscht und ihre Wettbewerbsarbeit für dieses Buch völlig überarbeitet und ergänzt.

Alle Rechte vorbehalten
© 2000 by Cosmos Verlag, CH-3074 Muri bei Bern
Lektorat: Barbara Luginbühl
Foto der Autorin: Peter Friedli, Bern
Fotos der Quellen: Martin Rindlisbacher, Steffisburg und Peter Küffer, Thun (S. 53/57)
Gestaltung: Atelier Bundi, Niederwangen
Bildbearbeitung: Gabriela Schärer
Druck: Schlaefli & Maurer, Interlaken
Einband: Schumacher AG, Schmitten
ISBN 3-305-00353-7

www.cosmosverlag.ch

Inhaltsverzeichnis

Die Schachtel 7
Ein totes Kind 9
Margaritha Hürner, geborene am Stutz 10
Rudolf Hürner, der Ehemann 11
Margaritha und Rudolf Hürner,
    die gemeinsame Zeit 13
Margaritha Hürner, die Witwe 17
Zeugenbefragung 19
Magdalena Täuscher, die Hebamme 22
Erstes Examen mit der Delinquentin 27
Die Abtreibung 34
Zweites Examen mit der Margrita Amstuz 35
Margaritha Hürner, die Gefangene 40
Verteidigungsstrategien 41
Drittes Examen mit der Delinquentin 42
Hans Rebgässli, der Liebhaber 45
Die Vaterschaftsgesetzgebung 47
Der Beweis des Chirurgen 48
Der Kindsmord 51
Thun muss sich absichern 52
Das Urteil 54
Die Todesstrafe 55
Enthaupten 56
Das Ceremoniale 60
Die Hinrichtung von Margaritha Hürner 67
Die Kosten der Hinrichtung 72

Anhang
Die Kosten im Vergleich mit
    Preisen und Löhnen 77
Arbeitsmethode 78
Wörterverzeichnis 82
Abbildungsverzeichnis 84
Quellen 85
Dank 87

Die Schachtel

Im Rahmen des Pflichtwahlfaches Geschichte hatten wir, die Schülerinnen und Schüler des Staatlichen Seminars Thun, die Möglichkeit, in einem Archiv zu arbeiten. Wir beschäftigten uns mit dem damals aktuellen Thema «200 Jahre Helvetik». Unser Ziel war es, Veränderungen während der Zeit der Helvetik in unserer unmittelbaren Umgebung zu erforschen. Uns interessierte, welchen Einfluss die im Jahre 1798 in unser Land eingedrungenen Franzosen hatten.

Allerdings berührte mich das nur wenig. Am wichtigsten war mir, in einem Archiv arbeiten zu können – seit langem mein grosser Traum! Ich konnte mitten in der Geschichte stehen, umgeben von alten Büchern und Dokumenten, und diesen merkwürdigen Geruch einatmen, der mich an Maggi-Würze erinnert …

An den Auftrag, Quellentexte aus der Helvetik zu suchen, habe ich mich nicht gehalten. Ich wollte etwas Spannendes finden, etwas, das mit Justiz zu tun hatte.

Dann entdeckte ich sie: eine verstaubte Archivschachtel mit der Aufschrift «Justiz bis 1798». Ich öffnete sie und vergass alles um mich herum. Ich war fasziniert von der Vorstellung, dass all diese Schriftstücke über Menschen berichten, die vor langer Zeit gelebt haben.

Eine Quelle handelte von einem Christian Schnellig, der im Jahre 1599 in Steffisburg gehängt worden war. Ich wollte Genaueres wissen und begann den Text zu transkribieren. Doch nach kurzer Zeit gab ich auf. Die Geschichte war mir nicht interessant genug.

So legte ich den Text zurück und blätterte in der gleichen Schachtel weiter. Ich entdeckte eine kleine Notiz: *Kindsmörderin Hürner enthauptet.*[1] Diese drei Worte packten mich und liessen mich nicht mehr los. Ich hatte meine Geschichte gefunden!

Dann stiess ich auf ein zweiseitiges Dokument über die Hinrichtung dieser Frau. Ich machte mich auf die Suche nach weiteren Quellen, die mir mehr über das Schicksal der Kindsmörderin Hürner erzählen würden.

Wer war diese Frau? Woher kam sie? Wer kannte sie? Hat sie wirklich ein Verbrechen begangen, ein Kind umgebracht? Hatte sie ein Motiv für die Tat? Diesen Fragen wollte ich auf den Grund gehen. Mit der Zeit hatte ich mehrere Dokumente, die alle den «Fall Hürner» behandelten. Doch teilweise passten die Quellen nicht zusammen, oder sie waren lückenhaft und widersprüchlich. Genau das liess mich nicht zur Ruhe kommen. Ich wollte am Fall dranbleiben.

Schritt für Schritt tastete ich mich heran an das Leben und Sterben dieser Frau, die vor mehr als 200 Jahren in Thun hingerichtet worden war. *Kindsmörderin Hürner enthauptet.* Schuldig oder nicht schuldig?

Ein totes Kind

Am *8. Christmonat 1795* gegen Mittag verlässt Magdalena Tremp auf Verlangen ihrer Mitbewohnerin Margaritha Hürner eilig das Haus und läuft zur Hebamme Täuscher. Nach etwa einer Stunde kommen die beiden Frauen zurück.

Sie treffen eine völlig unerwartete Situation an: Da liegt eine erschöpfte Frau, neben ihr ein Kind. Mit kraftloser Stimme sagt die junge Mutter, sie *seye Kindbettin* geworden.

Die Hebamme merkt sofort, dass mit dem Neugeborenen etwas nicht stimmen kann. Das Kind schreit nicht. Leblos liegt es da. Sie schickt die Tremp, sie solle den Chorrichter Schmid holen.

Kurze Zeit später schaut sich Jakob Schmid, Beisitzer des Chorgerichtes, das tote Kind an. Er gibt zu Protokoll, dass er an diesem Kind Merkmale von Gewalttätigkeit festgestellt habe. Er sehe es als seine Pflicht, ein solches Geschehnis dem hohen Richter kundzutun.

Margaritha Hürner wird angezeigt.[2]

Jetzt muss gehandelt werden, und zwar schnell. Es geht darum, alles zu überprüfen. Da ist ein Kind, dessen Todesursache unklar ist. Ein Fall für das Chorgericht. Die Aufgabe des Chorgerichtes besteht unter anderem darin, Fälle wie diesen zu klären. Die acht Männer – einer davon ist Jakob Schmid – beschäftigen sich tagtäglich mit Ehe- und Familienstreitereien. Auch andere Verstösse gegen die Sitten kommen vor das Chorgericht, weshalb es oft auch Sittengericht genannt wird. Präsident des Thuner Chorgerichtes ist der Schultheiss Carl Ferdinand von Sinner.

Innert kürzester Zeit leitet der Schultheiss die nötigen Ermittlungen in die Wege. Dieser Fall hat nun oberste Priorität. Es muss abgeklärt werden, ob das Kind eine Totgeburt war. Hat die verzweifelte Mutter ihr Kind wieder zu beleben versucht und dabei Spuren hinterlassen? Oder hat das Kind gelebt und ist umgebracht worden? Gibt es Zeugen? Wer ist der Vater dieses Kindes?

Der Chirurg Stettler bekommt den Auftrag, das Kind zu untersuchen und festzustellen, ob an dem Neugeborenen Gewalt ausgeübt worden sei. Stettler hat darüber ein *Visum Repertum*, einen schriftlichen Bericht, zu verfassen.

Noch am gleichen Tag beginnen auch die Examinatoren, die Untersuchungsrichter, alle wichtigen Informationen zusammenzutragen. Sie suchen nach Zeugen, nach Spuren und Zusammenhängen.[3]

Margaritha Hürner, geborene am Stutz

Margarithas genaues Geburtsdatum ist unbekannt. Am *25. November 1764* wird die *eheliche* Margaritha, Tochter von *Rudolf am Stutz und Elsbeth am Stutz* geborene *Tschanz,* in Bern getauft. Ihr Pate ist eingetragen als *Herr Friedrich d'Etrées*, die beiden Patinnen sind *Frl Maria Salome Strähl und Fr. Anna Barbara Brügger.*[4]

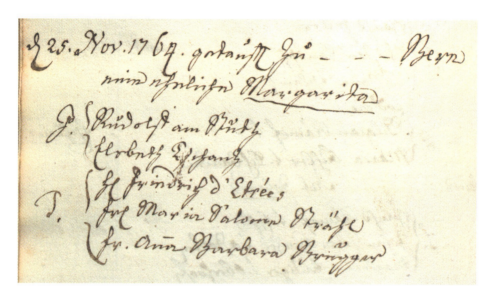

Margaritha lebt in Endorf, einem kleinen Ort in der Nähe von Thun. Das Dorf gehört zur Gemeinde Sigriswil. Zur Zeit von Margaritha am Stutz zählt die Gemeinde Sigriswil *1838 Seelen: 350 Hausväter, 350 Hausmütter und 914 Kinder.* Ausserdem gibt es *21 Witwer und 66 Witwen.* 59 Frauen und Männer sind ledig. Insgesamt 25 Mägde und Knechte helfen den Bauern in Haus und Hof. 53 Menschen sind nach Sigriswil *verdingt* worden.[5]

Es ist anzunehmen, dass Margaritha keine Schule besucht. Sicher hilft sie zu Hause auf dem Hof und weiss somit sehr früh, was Arbeiten heisst.

1778 besucht Margaritha den Konfirmandenunterricht und wird noch im gleichen Jahr im *Communicantenrodel* eingetragen. Die Konfirmation erlaubt ihr, nach *empfangener Unterweisung von Zeit zu Zeit* am Abendmahl teilzunehmen.[6]

Die 14-jährige Margaritha macht sich sicherlich Gedanken über ihre Zukunft. Wird sie hier im kleinen Bauerndorf eine Arbeit finden? Wie viele junge Leute zieht es auch sie in eine Stadt. Sie entscheidet sich, nach Thun zu gehen, wo sie sich auf die Suche nach Arbeit macht. Im Jahre 1777 hat die Stadt 12 616 Einwohner. Es gibt dort keinen *Arzt, 8 Wundarzt, 4 Apotheker, 2 gelehrte Hebammen, 8 ungelehrte Hebammen* und *8 Stümpelarzt.*[7]

Weiblich, unfähig zu schreiben und zu lesen; fähig, hart zu arbeiten; das sind Eigenschaften, die auf Margaritha zutreffen. Es sind perfekte Voraussetzungen für eine Hilfe in Haus und Stall. Die Leute, die sie anstellen, legen besonderen Wert auf ihre äussere Erscheinung: Margaritha ist jung und unverbraucht. In ihr stecken Kräfte, die vielseitig genutzt werden können. Es ist anzunehmen, dass Margaritha von Anfang an als Magd arbeitet.

In den 80er Jahren lernt Margaritha am Stutz einen Mann kennen. Er heisst Rudolf Hürner.

Rudolf Hürner, der Ehemann

Getauft wird Rudolf Hürner am *12. November 1756 als ältester Sohn des Gabriels und der Susanna Hürner, geb. Fischer*. Seine ganze Jugendzeit verbringt er in Thun. Als junger Mann erlernt er das Handwerk des Naglers. Da bei jedem Bauvorhaben Nägel gebraucht werden, ist der Nagler einer Stadt ein gefragter Mann.

Mit 22 Jahren heiratet er Maria Lohner. Die Hochzeit findet am *2. November 1778* in Thun statt. Zwei Jahre später, *am 20. August 1780*, wird das erste Kind, Maria Magdalena, getauft.[8]

Die Ehe zwischen Rudolf und Maria Hürner scheint vorerst eine glückliche zu sein. Nichts spricht dagegen. Jedenfalls ist das Paar in keinem Chorgerichtsmanual erwähnt. Fünf Jahre nach der Heirat jedoch befinden sich die Vermählten *in einem Ehestreit*.[9] Die zweite Tochter, Maria Margaritha, wird in eine zerrüttete Familie hineingeboren.[10] Rudolf Hürner verlässt seine Frau, hält sich an einem unbekannten Ort auf und vergisst das Eheversprechen der Treue. Er betreibt Ehebruch.

Maria Hürner hat genug vom verantwortungslosen Lebenswandel ihres Mannes. Am *22. Juni 1783* trägt sie dem Oberen Chorgericht in Bern gebührend vor, dass sie die *gänzl. Scheidigung begehrt. Unter Einwilligung ihres Ehemannes* schreibt sie am *22. Februar 1784* eine provisorische *Scheidigungsschrift*. Ihr Vater, Johannes Lohner, wendet sich an das Chorgericht und wünscht im Namen seiner Tochter eine Scheidung. Rudolf Hürner hält sich in dieser Zeit in Bern auf und reagiert auf das definitive *Scheidigungs begehren* seiner Frau nicht. Johannes Lohner meint, *dass keine Hofnung vorhanden seye*, dass Rudolf Hürner *jemals allhier erscheinen werde, um uns diese traurige Procedur zu beendigen*.

Deshalb wird *der hiesige burger, Rudolf Hürner, Nagelschmidt*, Anfang März zum ersten Mal *von der Kanzel zu Thun edictalitiert*. Das bedeutet, dass der Pfarrer am Schluss der Sonntagspredigt bei den Mitteilungen bekannt gibt, dass sich Rudolf Hürner in einem Ehestreit befinde und sich melden solle. Für diejenigen, die lesen können – und das sind die wenigsten –, wird dieser Erlass zudem noch schriftlich mitgeteilt. Daraufhin erscheint Hürner am *7. April 1784* beim Thuner Chorgericht und sagt, er wohne *bey dem Schmidt Bischof*, könne sich aber nicht lange hier aufhalten. Sobald er wieder in Bern sei, werde er sich bei den Herren des *oberen Chorgerichtes in Bern melden und dero Befehle abhohlen.*[11]

Am *29. April 1784* erscheinen die *Burger von Thun*, Rudolf und Maria Hürner, vor dem Richter des Ehegerichtes in Bern. Die Ehe der *stritigen Ehelüt* wird aufgelöst und beide werden wieder in ihre *ehevorige Freyheit gesezt*. Es wird beschlossen, dass der *schuldige Ehemann Achtzehn Monate* warten muss, bevor er sich wieder neu vermählen darf. Dem *Eheweib* werden nur *Sechs Monat Wartzeit vor anderwärtiger VerEhlichung vorgeschrieben*. Wegen der *Theilung zeitlichen Guts betreffend* werden sie vor einen anderen Richter gewiesen.[12]

Die Lage, in der sich Rudolf Hürner befindet, sieht äusserst kritisch aus. Da sind die beiden ehelichen Töchter, für die er aufkommen muss. Zudem ist da noch ein unehelicher Sohn, Johannes Hürner, für den er monatlich Kostgeld bezahlen sollte. Johannes wurde 1779 geboren, zur Zeit also, als sein Vater bereits mit Maria Lohner verheiratet war. Wie viele unerwünschte Kinder wird auch Johannes verdingt; er lebt bei seinem Grossvater, Christen Meyer, etwas oberhalb von Thun, *im Täüffithal*.

Am *8. Juni 1784* beschwert sich Christen Meyer bei der Stadt Thun, er habe von Rudolf Hürner seit eineinhalb Jahren kein Kostgeld mehr erhalten. Er bittet, dass ihm *solches von Seiten der Stadt möchte bezahlt werden*. Sein Begehren wird an die *armen Commihsion* gewiesen.[13] Einen Monat später erhält er die Antwort der Kommission: Es hat sich herausgestellt, dass Rudolf Hürner überhaupt nicht mit Geld umgehen kann. Seine Mutter habe ihm immer wieder Geld gegeben, es sei aber *nicht das geringste mehr übrig*. Susanna Hürner weigere sich, dieses *Tischgelt noch zu bezahlen*.[14]

Christen Meyer kommt am *9. November 1784* erneut nach Thun. Er will den fünfjährigen Johannes als Burger der Stadt übergeben. Grund sei, dass er nichts *von dem Hürner selbst bekomme* und deshalb diesen *verdingten unehelichen Knab nicht mehr bey sich behalten* könne. Die Stadt reagiert und macht einen Vorschlag: *Wenn die Grossmutter* Hürner, die im *Waisenhaus* arbeitet, *diesem Kind von Zeit zu Zeit Schun und Strümpf anschafft, zahlt die Stadt jährlich zehen Kronen Tischgelt*. Mit dem Einverständnis von Christen Meyer tritt diese Abmachung rückwirkend vom 8. *Brachmonat 1784* an für zwei Jahre in Kraft.[15]

Rudolf Hürner kann aufatmen. Die Stadt und seine Mutter unterstützen ihn. Damit ist Christen Meyer beruhigt, der uneheliche Johannes versorgt.

Rudolf Hürner ist allein. Vermutlich hält er die Einsamkeit nicht lange aus. Er braucht eine tüchtige Frau an seiner Seite. Eine Frau, die wenn möglich etwas Erspartes auf der Seite hat und ihm nochmals ein Kind schenkt.

Er lernt Margaritha am Stutz kennen.

Margaritha und Rudolf Hürner, die gemeinsame Zeit

Die Ehe von Rudolf Hürner und Margaritha am Stutz kann wegen der 18-monatigen Wartezeit nicht vor dem 29. Oktober 1785 geschlossen werden. Das Ehegericht hat ausserdem bestimmt, dass Hürner eine erneute Heirat dem Gericht melden muss. Eine solche Meldung lässt sich aber in keinem Eherodel finden.

Vom Jahre 1787 an ist Margaritha in den Manualen nicht mehr unter dem Namen am Stutz aufgeführt. Jetzt taucht sie als Margaritha Hürner auf. Es ist also anzunehmen, dass die Hochzeit in diesem Jahr stattgefunden hat.

Liebes- oder Mussheirat? Diese Frage stellt sich, weil Margaritha ab Sommer 1787 *infolg Verordnung Wochentlich 6 Pfund Brodt* vom Spitalamt bekommt. Zwei Frauen, eine *Janette Stähli* und *Margaritha Hürner* sind in *Abwart*. Sie erwarten ein Kind. Als Unterstützung erhalten sie regelmässig Brot.[16]

Im gleichen Jahr, am *5. Weinmonat*, wird Margaritha Hürner bevogtet.[17] Gemäss einer Gerichtssatzung von 1761 bekommen minderjährige, ledige und verwitwete Frauen einen Vogt zugeteilt, der ihre Finanzen verwaltet. Bei einer verheirateten Frau übernimmt in der Regel der Ehemann diese Aufgabe.[18] Im Fall von Margaritha Hürner wird ein Aussenstehender als Vogt eingesetzt, da auf Rudolf Hürner kein Verlass ist. Von nun an ist Carl Rubin Margarithas Vogt und somit verantwortlich für ihr Vermögen. Margaritha ist von ihm abhängig, denn ihr selber ist der freie Zugang zu ihrem Geld verwehrt. Die Pflicht eines Vogtes besteht darin, jede Einnahme und Ausgabe genau festzuhalten.

Unter dem Titel *Einnemen* führt Carl Rubin auf, welche Einnahmen Margaritha zwischen dem *5. Weinmonat 1787* und dem *30ten May 1794* erzielt. Von der über achtseitigen Vogtsrechnung nimmt der Bereich *Einnemen* nur gerade zwei Seiten in Anspruch.

Am *12. Merz 1788* verkaufen Hürners einen *ehrnen Hafen* und bekommen dafür 5 Kr 15 bz.

Am *20. May 1788* zahlt Margarithas Bruder, *Hans Amstuz von Ringoldswyl*, dem Vogt Rubin direkt 20 Kr *Capital* aus. Insgesamt schuldet Hans Amstuz seiner Schwester 154 Kr. Vermutlich handelt es sich um ein Erbe der Eltern. Da Margaritha in Thun wohnt, kann ihr dieses Geld wohl nicht direkt ausbezahlt werden. Am *16. November* zahlt er ihr wieder 21 Kr direkt aus. *Von den noch restierenden* 113 Kr zahlt er in den Jahren 1789 und 1790 je 4 Kr 13 bz Zins. Bis November 1790 hat er 13 Kr sparen können und zahlt diese Mitte Monat direkt aus. Hans Amstuz amortisiert, der Zins, den er abliefern muss, wird kleiner. Von den verbleibenden 100 Kr zahlt er bis März 1794 jährlich 4 Kr Zins, die einzig sichere Einnahmequelle von Margaritha. Das Guthaben von 100 Kr wird in Thun verwaltet und ist deshalb im Inventar der Waisenkisten verzeichnet.

Pag: 3.

1787. **Ausgaben.**

8ber 5ten Vor der Vogthebl .... " 44
     7t   Vor der Hirtruff Publication
          auf dem Kanzel und Kirchen-
          blat, Prima .... " 18
9ber: 5t der Frau Hebamme in
          Geld geben .... " 20

1788.
Febr: 12t Dito der Vogtfrau geben .... " 1.5
          dito in 2. Mahlen gab ich ihr ...... " 1.5
      25t Vor ein paar Schuh .... " 22
          Vor den Monat Merz und
          April Cost bachsangericht,
          hießer Cobarminrus per
          Wochen 10. Kr .... " 3.45
          Dito vor den Monat May
          & Junii .... " 3.45
Junii   An die Kindbette unter
          2 bögen Mahlen .... " 1.15
          Der Letavia Bormann
          halte Waschs lohn laut
          Conti .... " 5
                                                    ─────
                                                    " 13.14

Eine der ersten Ausgaben wird am *25ten Februar 1788* vermerkt. Die hochschwangere Margaritha verlangt bei ihrem Vogt Geld *vor ein paar Schun*. Carl Rubin erfüllt ihr den Wunsch und gibt *des Nagelschmids Ehefrau* 22 Batzen.[19]

Im März 1788 bringt Margaritha einen Sohn zur Welt. Das eheliche Kind von Rudolf und Margaritha Hürner wird am *23ten Merz* auf den Namen <u>*David*</u> getauft.[20] Damit ein Kind nicht ungetauft stirbt, findet die Taufe möglichst bald nach der Geburt statt. Durch die Taufe wird das Kind in Gottes Obhut gegeben.

Die wöchentliche Unterstützung durch das Spitalamt erfolgt auch jetzt noch weiter: In den Monaten *May, Juny* und *July* erhält die junge Familie jeweils 24 bis 30 Brote.[21]

Margaritha hat aber auch noch andere Hilfe nötig. Vielleicht ist sie von der Geburt immer noch geschwächt und kann die Hausarbeit nicht allein bewältigen. Im Juni 1788 bezahlt sie der *Catarie Baumann* einen *Wascherlohn* von 5 Batzen.

Von ihrem Ehemann kann Margaritha nicht viel erwarten. Rudolf Hürner arbeitet zwar, kann aber mit Geld immer noch nicht umgehen. Neben seiner Arbeit als Nagler versucht er noch anderswo an Geld zu kommen. Am *2. Mai 1788* hilft er, das Vieh mit Brandzeichen zu versehen. Als Dank für *Kohl und Mühwalt die Bränd zu wermen* zahlt ihm das *Sekelamt 5 bz*. Doch Rudolf Hürner bringt nie einen Batzen nach Hause.[22]

Inzwischen ist die Vereinbarung zwischen der Stadt Thun und Christen Meyer im *Täüffithal* abgelaufen. Hürner sollte jetzt wieder selber für das Kostgeld für seinen unehelichen Sohn aufkommen. Doch er bringt die zehn Kronen Tischgeld nicht zusammen. So ist es schliesslich Margaritha, die Christen Meyer *das Kostgelt vor ein Jahr bezalt*. Es sind 10 Kronen. Tut sie das freiwillig oder wird sie von ihrem Mann unter Druck gesetzt? Sie selber hat einen Sohn, zahlt aber jetzt für jemanden, der eigentlich nichts mit ihr zu tun hat. Hürner hat ein weiteres Mal Glück gehabt.

Am *22. September 1788* unternimmt Margaritha eine Reise nach Bern. Für diese Reise drückt ihr Rubin *1 Krone Reisgelt* in die Hand. Am gleichen Tag bekommt eine Margrit Sigrist von Margaritha *1 Kr 5 bz*.[23]

Im Oktober beansprucht Rudolf Hürner das Vermögen seiner Frau erneut. Er geht sogar so weit, dass er *bei seines Weibs Vogt* Geld des *Weiberguths für fortsezende Profehsion* verlangt. Seiner Bitte wird entsprochen; er bekommt die Hälfte des Weibergutes für die weitere Ausübung seines Berufes.[24]

Sohn David wohnt nicht mehr bei Rudolf und Margaritha. Es ist möglich, dass Margaritha der Belastung, für ihr Kind zu sorgen, nicht gewachsen ist und dem Druck und der Überforderung entfliehen will. Deshalb lebt David nun bei einem *Chr. Imhof*. Margaritha bezahlt zusätzlich ein Kostgeld für David von *4 Kr 12 bz 2 xr*, allerdings nur für *drey Monat*.

Im November stirbt der kleine David. Für das Begräbnis ihres Sohnes zahlt Margaritha *1 Kr 8 bz 2 xr*.[25]

Hürner scheint der Tod seines Sohnes nicht sehr zu beschäftigen. Viel mehr interessiert ihn das Geld. Am *27. November* stellt er ein Gesuch, *man möge ihm aus dem Weiberguth Etwan 40 Kr zum behelf seines Handwerks* geben. *Sein anhalten* wird *aus Grund seiner schlechten aufführung* aber abgewiesen. Er solle arbeiten *und sich dessen behelfen*, heisst es.[26]

Margaritha aber scheint der Tod Davids viel mehr Kummer zu bereiten. Sie trauert um ihr totes Kind und wird ernsthaft krank. Jetzt ist Rudolf Hürner auf sich allein gestellt. Die einzige Quelle, von der er Geld beziehen kann, sind die Ersparnisse seiner Frau. Auf *waysengrichtlichen Befehl* muss Carl Rubin im *Jenner 1789* Rudolf Hürner *vier Mal 5 Kr 15 bz* ausbezahlen. Im gleichen Monat bekommt er nochmals *4 Kr 40 bz*.[27] Mit diesem Geld – und es ist nicht wenig – kommt Hürner aber nicht lange aus. Am *17. Merz 1789* bittet er den Rat *wegen seines Weibs Elenden umständen* um finanzielle Unterstützung. Dem Nagelschmid wird *sein Anhalten bewilliget,* und er bekommt vom Geld seiner Frau *1 Krone, zum behelf in die Haushaltung.*[28] Carl Rubin muss wieder auszahlen.

Da Margaritha immer noch bei schlechter Gesundheit ist, wird sie vom Spitalamt wieder unterstützt. Am gleichen Tag, als ihr Ehemann Geld von ihrem eigenen Vermögen erhält, bekommt Margaritha die Zusage für die wöchentliche Spende von Brot.[29] Um wieder auf die Beine zu kommen, braucht sie die Hilfe eines Arztes. Sie lässt den Chirurgen Stettler zu sich kommen. Für seine Arbeit entschädigt sie ihn am *20ten April 1789* mit *22 bz 2 xr*.

Am Jahresende, am *29ten Dezember*, lässt sie ihren Vogt mehr als eine Krone nach Hause bringen, für die *Vogtsfrau*. Ein Neujahrsgeschenk?[30]

Die vielen Ausgaben ihres Ehemannes zwingen Margaritha im neuen Jahr, wieder eine Arbeit zu suchen. Wenn er vom verdienten Geld nichts nach Hause bringt, muss sie es tun. Am *4. November 1790* verlangt Margaritha bei ihrem Vogt, *dass ihr von ihrem Vermögen von Kr 113 Kleider angeschaffet werden möchten, um in einen Dienst zu gehen*. Margaritha erhält dafür *13 Kr*.[31] Als *Macherlohn vor Kleidung* übergibt sie einem *Herr Knechtenhofer 6 Kr 20 bz*. Für ihre neue Arbeit sind alte Schuhe nicht mehr zu gebrauchen. *Abraham Müller* fertigt ihr Schuhe an und erhält dafür 1 Krone. Auch *Susana Engemann* schneidert ihr ein Kleidungsstück und bekommt als *Macherlohn* ebenfalls 1 Krone. Margaritha selbst macht sich mit *2 Kr* nach *Hemder* auf die Suche.[32]

Die finanziellen Schwierigkeiten, der Tod des gemeinsamen Kindes, Hürners rücksichtsloses Ausbeuten seiner Frau – all dies führt zu einer Krise. Die Ehe scheitert. Rudolf und Margaritha Hürner trennen sich. Anfang des Jahres 1791, am *4ten Jenner*, ist Hürner *nicht mehr hier haushäblich*. Ein chorgerichtlicher Entscheid verbietet ihm, an Samstagen Nägel zu verkaufen, einzig an *Jahrmärckten dann ist es ihme erlaubt*.[33]

Im April 1791 werden beide getrennt voneinander von der Stadt unterstützt. Margaritha bekommt *Armenbrot, roher Anken und Mehl aus dem Spital* und Rudolf Hürner wird *Anken* gespendet. Im Juni 1791 wird ihm zusätzlich *Mehl* gegeben.³⁴

Nach der Trennung sucht sich auch Margaritha eine neue Unterkunft. Im Jahre 1792 wohnt sie bei einer *Catha: Schär* und zahlt ihr *4 Kr HausZins*. Die einzige Frau, die in den Manualen unter dem Namen Catha. Schär zu finden ist, besitzt ein Haus an der Freyenhofgasse, die auch *Rossgarten* genannt wird. Hinter dem Haus hat es einen Garten.³⁵ Im Jahre 1793 wechselt Margaritha ihren Wohnsitz und zahlt *Frau Zyro den Hauszins von 4 Kr.*³⁶

Noch im Mai 1792 wird Rudolf Hürner mit Mehl unterstützt Am *8. July 1792* kauft die Stadt *Laden* für Hürners Sarg. Am *10. July* werden die Begräbniskosten bekannt.³⁷ *Der Todtenschein des Rudolf Hürners solle seiner Muter Vogt Herr Willhelm Hürner in der Lenggassen zugestellt werden.*³⁸

Margaritha ist Witwe.

Margaritha Hürner, die Witwe

Margaritha Hürner – in einigen Manualen taucht sie wieder als Margaritha am Stutz auf – lebt von nun an allein in der Stadt. Sie ist bald 30 und ganz auf sich gestellt. Immerhin spendet das Spitalamt ihr am *16. Mai und am 11. Juni 1793 Brodt*. Im nächsten Jahr bekommt sie am *11. Januar Brodt und Mehl und am 12. Februar Anken*.³⁹

Margaritha überlegt sich, wie sie ihre finanzielle Situation verbessern könnte. Die Zukunftsperspektiven stehen schlecht.

Allerdings ist da doch noch eine Möglichkeit. Zwar ist es keine Einnahmequelle, es handelt sich eher um eine Sparmassnahme: eine Kuh. Mit einer Kuh hätte Margaritha immer genügend Milch und Butter und wäre nicht auf Spenden angewiesen. Damit dieser Traum überhaupt in Erfüllung gehen kann, muss aber zuerst das Seirecht gesichert sein. Margaritha braucht einen Weideplatz auf der Thuner Allmend.

Am *24. Wintermonat 1794* findet eine Verhandlung der *Sey Comihsion* statt. Aus irgendeinem Grund erscheint Margaritha nicht. Sie wird – *als von hier abwesend* – zusammen mit *der Wittib Rüfenacht und dem Samuel Engimann* von der *Sey Comihsion* abgewiesen. Für diese drei Personen heisst das, ihr Antrag auf einen Weideplatz ist abgelehnt worden. Die *Seykontingente* sind an andere Personen *ausgetheilt* worden. Auf dem Markt eine Kuh zu kaufen, wäre für Margaritha jetzt also sinnlos.⁴⁰

Glücklicherweise findet Margaritha eine Stelle in der Stadt. Als tüchtige Magd arbeitet sie in der *Wirthschafft vor dem Bernthor*.⁴¹ Das Wirtshaus trägt den Namen Sädel. Ausser dem Sädel gibt es noch andere *Gesellschaft-Wirtschafften*: das *weisse Kreuz*, der *rothe Ochs* oder der *Löwe* zum Beispiel. Der *Freyenhof* ist den Leuten aus der Oberschicht vorbehalten.⁴²

44.

Bey Comißion gehalten
den 24:ten Wintermonats 1794
unter Vorsitz Wohl Ehren Herren Seckelmeister Bayenwarth sämtlicher Waldherren Ser
Comißion.

Absent H: Kirchbühel Lehmann.

Verhandlungen:

Zu Behandlung derjenigen
bey der Heimlichen Austheilung der
Holzcontingenten auf Meilen Lehen
zurückgebliebenen Pensionen
kommen

1. die Taglerin Hummer, als von
hier abtretend, gänzlich abzulöschen.

Im Sädel verkehren vor allem Männer. Sie gönnen sich nach getaner Arbeit ein Bier oder einen Schluck Wein. Frauen trifft Margaritha dort kaum. So ist es für sie kein Leichtes, Kontakte zu knüpfen.

Eine Arbeitskollegin hat sie immerhin, die *Keller magt*. Deren Bruder fällt Margaritha auf. Es ist anzunehmen, dass dieser seine Schwester ab und zu besucht. Margaritha erfährt, dass diesem Mann im Juni 1785 der Eintritt in das Wirtshaus verboten worden ist. Damals bat der Schangnauer, sich in Thun aufhalten zu dürfen. Dieser Bitte kam der Rat aber nur unter einem *beding* entgegen. Er durfte sich zwei Monate in Thun aufhalten, ihm wurde aber verboten, im Sädel bei seiner Schwester zu essen. Der Besitzer des Wirtshauses, Herr Scheidegg, *habe kein Recht, Tischgänger* zu verköstigen, weil er nicht über das Tavernenwirtsrecht verfügt. Dieses Recht regelt die Ausgabe von warmen Mahlzeiten gegen Bezahlung und ist eingeführt worden, da man unerlaubtes Wirten vermeiden wollte.[43]

Jetzt, im Jahre 1795, wohnt dieser Mann in Thun und lässt sich vermutlich von Zeit zu Zeit im Sädel bei seiner Schwester blicken.

Margarithas finanzielle Situation hat sich entspannt. Trotzdem ist sie nicht sorgenfrei. Das Geschwätz der Leute plagt sie. Man dreht den Kopf nach ihr um, überall werden Vermutungen geäussert: Es wird gemunkelt, Margaritha Hürner sei schwanger. Nur ein Gerücht?

Zeugenbefragung

Es ist der *8. Christmonat 1795*. Die Examinatoren arbeiten schnell. Kaum ist das tote Kind entdeckt und Margaritha angezeigt, werden bereits die ersten Zeuginnen einvernommen. Es sind jene beiden Frauen, die ein paar Stunden zuvor Margaritha im Kindbett angetroffen haben. Durch die Befragung der Vermieterin Tremp und der Hebamme Täuscher erhofft sich das Chorgericht Antworten auf viele unklare Fragen.

Beide Frauen sollen berichten, was ihnen *von dieser leidigen Geschichte bekannt seye*. Nach *ernstlicher Vermahnung* verpflichten sie sich, *die Wahrheit bestimmt und deütlich auszusagen*.

Magadalena Tremp ist eine 47-jährige *ledige Weibs-Person*.[44] Wie Margaritha und viele andere Bewohner der Stadt steht auch sie auf dem *Vennerzedel*. Das bedeutet, der Ratsschreiber hat einen Beschluss auf einem Zettel festgehalten und diesen dem Venner übergeben, der den Ratsbeschluss auszuführen hat. So bekommt Magdalena am *22. Brachmonat 1789* vom Spitalamt *7 Brodt und rohen Anken*.[45] Wegen einer Krankheit bittet sie einen Tag später um eine *beysteüer zu einer Badenfahrt im Gurnigel*. Es werden ihr zwei Kronen aus dem *Spithal*- und zwei Kronen aus dem *Spendamt zugesprochen*.[46] Magdalena Tremp ist eine Frau aus der Unterschicht und um jede Unterstützung froh.

Hierauf habe die Deponentin ihr der Herrschaft gesagt, sie solle sich von einem anderen Aufenthalt

umsehen, weil sie Vorhabens seye, sich zu einer kranken Person als Abwart zu begeben; — so dieselbe auch versprochen.

Diesen tag aber des= gestern bis heute Morgens, sey jedoch die Deponentin nicht ausgestanden, son= dern in Bett liegen geblieben, weil dem Anscheinen, es seye ihr nicht wohl, —

Am *12. Januar 1795* bekommt sie die Zusage, dass sie ab sofort vom Spendamt *zwei Stück Brodt* erhalte. Doch schon ein halbes Jahr später wird ihr diese Spende wieder gestrichen.[47]

Mitte November 1795 kommt Margaritha Hürner zu ihr und fragt, ob *sie sich einige Zeit bei Ihr aufhalten könne*. Sie antwortet ihr, *man höre sagen sie seye schwanger, wenn es nicht dem also seye, so könne sie wol zu ihr kommen, sonst aber nicht*.

Die *Hürnerin* entgegnet, sie sei nicht schwanger – also darf sie bleiben. Die Tremp nimmt Margaritha aber nicht nur aus Freundschaft auf, sondern erhofft sich *eine Beysteuer an den HausZins* zu erhalten. Da sie von der Stadt nicht mehr unterstützt wird, kommt ihr diese Anfrage wohl sehr gelegen.

Als Magdalena Tremp das Gerücht, *die Hürner seye schwanger,* erneut vernimmt, wird sie misstrauisch. In der Stadt weiss man, dass Margaritha schon längere Zeit verwitwet ist. Da sie nicht mehr geheiratet hat, ist es ihr verboten, schwanger zu werden. Doch Magdalena Tremp ist gar nichts aufgefallen – oder versteckt Margaritha etwa ihren Zustand?

Die Tremp stellt sie nochmals zur Rede, *ob sie in der That schwanger seye*, doch sie streitet weder ab noch gesteht sie. Das ist suspekt. Deshalb bittet sie Margaritha, *sie solle sich um einen andern Aufenthalt umsehen, weil sie Vorhabens seye, sich zu einer kranken Person als Abwart zu begeben*.

Doch Margaritha reagiert auf diese Bitte nicht. Sie liegt tagelang im Bett *mit dem Vermelden, es seye ihr nicht wol*.

Heute Mittag nun, so berichtet die Tremp weiter, habe sie bemerkt, dass sich Margaritha nicht wohl fühle. Sie habe ihr eine Suppe zubereitet, *die aber durch Erbrechen wieder von Ihr weggegangen. Etwan um 12. Uhren* habe sich Margaritha im Bett etwas aufgerichtet und gesagt, man solle ihr die *Hebamme Frau Täuscher* holen.

Ungefehr um halb ein Uhren kommt Magdalena Tremp bei der Hebamme an. Gleich darauf kehren die beiden zum Haus der *Trempin* zurück.

Wie sie die Hürnerin und ihr Kind angetroffen habe, beschreibt die Hebamme nun den Examinatoren: Margaritha liegt auf ihrem Bett. Sie ist nicht zugedeckt. Das *Dakbeth* ist *bei ihren Füssen*, darunter ein Kind. Es ist ein Knäblein.

Die Hebamme tritt näher, nimmt das Kind unter der Decke hervor und bindet die Nabelschnur ab. Sie entscheidet sich, das Neugeborene nicht zu waschen, weil sie bemerkt, dass *etwas unrichtiges müsse vorgegangen seyn*. Bei näherem Betrachten stellt sie *Verlezungen an den Achslen, Kopf und Leib* fest. Daraufhin fragt sie die Hürnerin, ob sie vor oder während der Geburt *gefallen seie*. Weiter will sie wissen, *ob sie bey der Gebuhrt an dem Kind Gewallt verübt, durch Bauchdruken, schädliche Bewegungen, oder sonst*. Margaritha versichert, *dass sie keine Gewallt ausgeübt habe, noch gefallen seye*. Trotzdem befiehlt die Hebamme Magdalena Tremp, einen Chorrichter herbeizuholen.

Man vertraut auf die Hebamme; was sie sagt, zählt. Durch ihre langjährige Tätigkeit hat sie einen guten Ruf in der Stadt.[48]

Magdalena Täuscher, die Hebamme

Die Vorgängerin von Magdalena Täuscher, eine Rosina Moser, *macht* sich im Oktober 1787 mit *einem fremden Befell fort*. Rosina Moser hat ein uneheliches Kind, und das hat möglicherweise jemand herausgefunden. Der Hebammenberuf ist eine erlernte Tätigkeit. Hebammen gehören also zur oberen Schicht einer Gesellschaft. Eine Hebamme hat sich an die sittlichen und kirchlichen Grundsätze zu halten. Wer diese bricht, darf den angesehenen Beruf nicht länger ausüben. Der Hebammendienst ist also *verlediget* und muss neu besetzt werden. Am *18. Oktober 1787* melden sich für die Stelle einer neuen Hebamme folgende fünf Frauen:

1. Herrn Friedrich Schuler des Scharrers Frau
2. Friedrich Studer des Wollwäbers Frl.
3. Caspar Lohners Frau
4. Heinrich Lohners Frau und
5. Herrn Zollner Täuschers Frau

Magdalena Täuscher wird an jenem Tage durch das *votum Decisivum* zur neuen Hebamme gewählt. Sie verpflichtet sich, in Bern die Hebammenschule zu besuchen und dort den *actas Capacitatis* zu erlangen. Dieser Ausweis ermöglicht ihr, *sich dieses Wichtigen diensts Tüchtig zu machen*. Die Kosten für die Ausbildung werden nicht von der Stadt Thun übernommen; Magdalena Täuscher willigt ein, diese selber zu bezahlen.

Am Schluss der Verhandlung rät man ihr, sich *bey Herr Stettler allhier so viel möglich Informieren zu lassen*. Ausserdem wird erwähnt, dass der neuen Hebamme bis zu ihrer Patentierung nicht *das Geringste von dem Einkomen* ausbezahlt werden solle. Das Geld werden vorerst die Herren *Amtleuthen* behalten.[49]

Im Jahre 1737 wird Magdalena als viertes Kind *des Heinrich und der Anna Täuscher geb. Schneiter* getauft. Seit dem *1. Mai 1760* ist sie mit Samuel Täuscher verheiratet. Die beiden haben vier Kinder. Im Alter von 50 Jahren lässt sie sich vom Chirurgen Stettler unterrichten und geht in der *Haubt-Stadt* zur Schule.[50]

Mit 23 anderen Schülerinnen, die wohl alle jünger als sie sind, besucht Magdalena Täuscher die Schule *in dem grossen Spital*, dem heutigen Inselspital.

Sie erhält für die *Hebammen-Kunst während vier Monaten Christmonat, Jenner, Hornung und Merz die nöthige Unterweisung.*

Im oberen Gang im Eggen des Spithals befinden sich drei Zimmer. Das äusserste dieser Zimmer ist das grösste und wird aus diesem Grund *als Hör und Demonstrations Sal und zugleich als SpeissZimmer* eingesetzt. Magdalena Täuscher wird zusammen mit den anderen Schülerinnen *in die mit 13 & 14 bezeichnete, an ein ander ligende, und mit Communications Thüren versehenen Zimmer* einquartiert. In diesem Raum, der als *Logement* dient, finden die Frauen eine *Matraze, ein Feder Dakbedt und ein Haubt-Küssen*.

Während ihrer Ausbildung werden die Frauen auch mit Nahrung versorgt. *Weilen vermutlich diese Schülerinnen jung und mit gutem Appetit begabt seyn werden*, wird *einmütig befunden*, dass ihnen die folgende *Kostgänger Kost* gegönt werde:

Das Kostgänger Tractament

Brodt	*Von zweyzügigem Mähl tägl.*	$5/4$ *Pfund*
Wein	*Tägl.*	$1/4$ *Mas*
Mittag	*Mahlzeit Rind Spithal samt Suppen Gartenzeug*	$3/4$ *Pfund*
Abend	*Mahlzeit Kalb oder Schaffleisch samt Suppen Gartenzeug oder Obst*	$3/4$ *Pfund*

Die Mahlzeiten kosten Magdalena Täuscher jeweils *5 bz*, worin auch die *Wärmung und Erleuchtung der Zimmer samt Bäsen und nöthigen Gerätschaften begriffen seye*.

Wie alle *Spithal Gäst* so sollen auch Hebammenschülerinnen dem *Spithal Reglement unterworfen seyn, und sich still, sitsam, gehorsam und ehrbar aufführen. Wiedrigen falls, die so sich ungebührlich und ausschweifend aufführen*, sollen *bald dem Haus abgenommen werden*.

Für den Unterricht sind *drei Bedt für Kindbetterinnen* bereitgestellt. Der Hebammenmeister setzt seine *Lehrlinge* bei einer Geburt von Anfang an ein und bringt ihnen damit ihre zukünftige Arbeit sehr nahe. Da diese *Lehrfrauen* aber recht *ungeschickte und begriffstutzige Wesen* sind, schafft man noch zusätzlich *gewüsse Mactimen* an, um ihnen die Handgriffe mehrmals zeigen zu können.

Magdalena Täuscher lernt in der Praxis, welche Arbeiten ihr Beruf enthalten wird. Ein spezielles Fach ist die *Section Todter Kindbetterinnen*. Für dieses anspruchsvolle Thema ist ein separater Raum eingerichtet.

Da die meisten Schülerinnen *Bauern-Weiberen* sind und einen *annoch anklebenden Aberglauben* haben, wird es schwierig, ihnen *alles begreiflich zu machen*. Deshalb verpflichten sich die Frauen, den Unterricht *des Morgens von 9 bis 11 und Nachmittags von 2 bis 4 oder von 3 bis 5 Uhr* zu besuchen.

Der Unterricht wird vom Hebammenmeister erteilt. Er spricht über Vorgänge, von welchen wohl einige dieser Frauen aus eigener Erfahrung mehr wissen als er.

Während der vier Monate werden die verschiedensten Themen bearbeitet und besprochen. Der Stoff, der am Schluss geprüft wird, ist in zwölf Fächer eingeteilt. Die Lektionen des Hebammenmeisters müssen so vorbereitet sein, dass die folgenden Bereiche abgedeckt sind:

1. *Eigenschaften, Pflichten und Gerätschaften einer Hebamme.*
2. *Die Anatomische Structur des Weiblichen Cörpers, so weil ihme zu wüssen nöthig, bekannt zu machen, und wo möglich in natura zu zeigen, welches letstern aber hier zu Land, da man noch von keinem anatomischen Theatro weiss, schwehrlich angehen wurde.*
3. *Die gewüssen Zeichen der Schwangerschaft samt den ungewüssen, ihnen erklähren, und solche erkenen.*
4. *Die unterschiedlichen Lagen der Mutter und die Zufälle, so daraus entstehe, und wie solche zu begegnen, ihnen wo möglich zeigen oder sagen.*
5. *Wie gewüssen Zufällen in der Schwangerschaft zu begegnen und wie sich eine Schwangere verhalten solle.*
6. *Von der nathürlichen Geburth, von den Unterschied der wehen, wie solche zu erkennen, vom touchieren und was eine Hebamme vor, in und nach der Geburth bei einer Frau zu thun habe.*
7. *Von der Nachgeburth und was debey zu observieren.*
8. *Von Abbindung der Nabelschnur und besorgung des Kinds, In Ansehen des Waschens, Pätschens, ob die Jungen gelöst seye, ob etwas wiedernatürliches am Kind zugegen, und was dem Kind taxieren zu geben.*
9. *Von nicht natürlichen Geburthen, wie man solche erkennen könne, und was dabey zu thun, auch in welchen Umständen eine Hebame solche verrichten könne oder einen experten darzu berufen solle.*
10. *Von Zwillingen oder mehreren Kindern, und wie sich dazu verhalten.*
11. *Von der Reinigung und Milch der Kindbetten wie eint und andere Zufällen darin zu begegnen und wie eine Kindbetterin zu besorgen.*
12. *Von einichen Zufällen der Kinderen.*[51]

Erfolgreich absolviert Magdalena Täuscher die Hebammenschule. Sie kommt Mitte März 1788 wieder nach Thun zurück und reicht schon ein paar Tage später eine Bitte beim Chorgericht ein. Sie verlangt – als eine Entschädigung für die Schulkosten – *das Einkommen von ihrer Erwählung wegg*. Weil Magdalena Täuscher *passiert ist*, die Prüfung bestanden hat, beschliesst der Rat: Von *Weihnacht 1787 wegg, solle ihr das Einkommen nebst gewohntem Holz und Turban zukommen*.

Magdalena Täuscher beginnt also am *18. Merz 1788* ihre Arbeit als vollständig ausgebildete Hebamme.[52] Als *jährliche Besoldung* kann sie *aus dem Sekelamt 25 Kr beziehen*.[53]

Kurz nach Stellenantritt muss sie ihre neu erlernten Fähigkeiten unter Beweis stellen. Als Hebamme steht sie nämlich Margaritha Hürner bei, als diese im März 1788 ihren Sohn David zur Welt bringt. Am *24. May 1788* wird sie für ihre Arbeit *wegen der Naglerin Hürner Kindbettin* belohnt. Sie erhält vom Spitalamt *1 Mas Wein und 7 Brodt*.[54]

Am *8. Christmonat 1795* wird Magdalena Täuscher erneut zu Margaritha Hürner gerufen. Doch diesmal ist alles anders.

Erstes Examen
der Delinquentin

Frag.	Antwort
Wie sie heißn?	Margretha Creutz, des Peters Rudolf hinterlaßne Wittwe von Thun.
Wie alt sie seÿe?	Bei 30. Jahren.
Wo sie sich aufgehalten, ehe sie sich hieher zu der Magd=Land Dienst gekommen seÿe?	In der Nußschür, bey dem Bauren-Vorsteher, lebist dem Hr. NothsHerrbar Schneider zugehört, die=sem herbsten auch der Noth Schreiberey.

Erstes Examen mit der Delinquentin

Noch am selben Tag, an dem der Chorrichter Schmid Anzeige erstattet hat, wird das erste Examen mit Margaritha Hürner durchgeführt. Den Examinatoren ist es also gelungen, die Angeschuldigte nur ein paar Stunden nach der Geburt vor das Sittengericht aufzubieten. Erschöpft und allein unter lauter Männern steht Margaritha im Gerichtssaal. Jetzt noch vor Untersuchungsrichtern auszusagen scheint kaum zumutbar. Doch sie hat keine Wahl. Befehl ist Befehl.

Bei jeder Gerichtsverhandlung ist ein Protokollführer anwesend, der Fragen und Antworten schriftlich festhält. Der Pfarrer, der von Amtes wegen Mitglied des Chorgerichtes ist, führt jeweils das Protokoll.

Die Verhandlung beginnt wie üblich. Margaritha wird zuerst nach ihrem Namen und Alter gefragt. Sie antwortet mit den bekannten Angaben: *Margrita Amstuz, des Naglers Rudolf Hürners Witwe von Thun.* Sie sei *bei 30 Jahren.* Dann befragt man sie über ihre Vergangenheit, wo sie sich aufgehalten habe, bevor sie sich bei Magdalena Tremp gemeldet habe.

Margaritha gibt folgende Auskunft: *In der Wihrtschafft vor dem Bernthor allhier, welche dem Stadtschreiber Scheidegg zugehört, diesem habe sie auf der Stadtschreiberey Mägden Dienste versehen. Der frische Wihrt Zybach habe sie nicht mehr daselbst dulden wollen,* gibt sie an als Grund, warum sie sich bei der Tremp gemeldet habe.

Nun folgen die entscheidenden Fragen:

Frag	*Antwort*
Ob sie nicht schon lang gewusst, dass sie schwanger seye?	*Wohl!*
Warum sie die Schwangerschafft gelaugnet?	*Sie habe geglaubt, es seye noch frühe genug es anzuzeigen!*

Seit wenn sie dann schwanger gewesen seye?	*Seit ausgehends Brachmonats oder Anfangs Heumonats.*
Ob sie heute das hier ligende Kind zur Weld geboren habe?	*Ja!*
Wenn sie die ersten Wehe, oder Geburtsschmerzen verspührt habe?	*den Dienst habe sie versehen, bis gestern Abends, und heüte Morgens ungefehr um 9 Uhren habe sie die ersten Wehe verspührt.*

Bei ihrem *nächsten Vermelden* korrigiert sie sich und berichtet, sie habe sich geirrt. Die ersten Wehen seien nur *wilde Wehen* gewesen. Es habe sich noch nicht um die Geburt selber gehandelt. Erst als die Hebamme geholt worden sei, habe sie *das stärkste Wehe gespürt*.

Wenn sich Margaritha in den Monaten nicht täuscht, wäre sie im sechsten Monat schwanger gewesen, das Kind also eine Frühgeburt.

Wie dieses Knäblein zur Welt gekommen seye?	*Zuerst mit den Füssen.*
Wer der Vatter zu diesem Kind seye?	*Ein Fremder!*

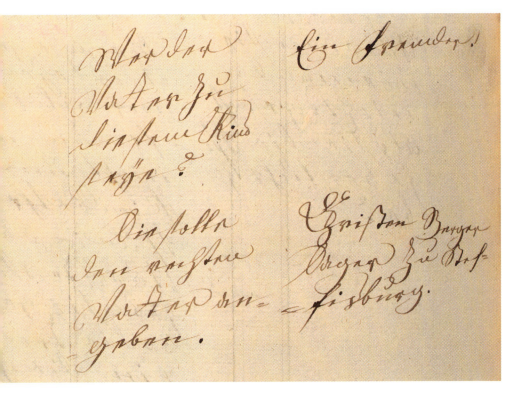

Sie solle den rechten Vatter angeben.

Christen Berger Sager zu Steffisburg.[55]

Margaritha reagiert geschickt. Als sie auf den Vater des Kindes angesprochen wird, antwortet sie sehr ungenau, so, als müsste sie sich noch einen Namen ausdenken. Es fällt auf, dass sie beim zweiten Mal recht detaillierte Angaben macht.

Ob diese Antwort der Wahrheit entspricht, muss vom Chorgericht abgeklärt werden. In den Chorgerichtsmanualen lässt sich jedoch keine Verhandlung mit einem Christen Berger von Steffisburg bezüglich Margaritha Hürner finden. Das kann zwei Gründe haben: Es ist möglich, dass Christen Berger vor das Gericht aufgeboten und befragt wird, das Protokoll jedoch verloren geht. Es kann aber auch sein, dass es gar nicht zu einem Verhör kommt, das Chorgericht von Thun lediglich einen Weibel beauftragt, nach Steffisburg zu gehen und zu prüfen, ob dieser Berger überhaupt in den Fall Hürner verwickelt sein kann. Dieser Weibel hätte bald festgestellt, dass Berger wohl nichts mit dem Fall zu tun hat. Berger ist zu dieser Zeit beim Chorgericht Steffisburg von einer *Elsbeth Spring* angeklagt.[56]

Schon Christen Bergers Vater, Christian Berger, Besitzer der Säge im Unterdorf von Steffisburg, wird in einem Chorgerichtsmanual erwähnt. Im Jahre 1785 wird er zusammen mit *seinem Eheweib* und seinem Sohn, Christen Berger der Jüngere, vor das Chorgericht von Steffisburg aufgeboten. Das *Eheweib* klagt, *dass er manchmahl halbe u ganze Nächte ausbleibe, sich berausche, und dann mit schnöden Worten, ja auch schon mit Schlägen sie übel behandle*. Das *Weib* will eine *Trenung*. Nach 14-tägiger Bedenkzeit erscheinen sie erneut im Chorgerichtssaal und berichten, *es habe wohl seither in etwas mit ihnen gebessert*. Den Richtern gelingt es, *das Weib zu bereden, dem Mann zu verzeihen*. Sie geben einander die Hand und versprechen, *in besseren Frieden mit einander zu leben*. Sohn Christen bezeugt diese Versöhnung.[57] Eine ganz alltägliche Chorgerichtssache!

Drei Jahre später, im Jahre 1788, übernimmt Christen Berger der Jüngere die Säge seines Vaters. Weil er diesen Betrieb jetzt besitzt, kennt man ihn in der Umgebung von nun an als *Sager zu Steffisburg*.[58]

Margaritha nennt wohl absichtlich jemanden, der, als Besitzer einer Säge, den Richtern bekannt sein dürfte. Christen Berger ist wohlhabend und ein angesehener Mann. Er könnte ihr jetzt vielleicht helfen. Doch ihre Rechnung geht nicht auf. Berger muss in Steffisburg vor Gericht: Eine *Elsbeth Spring von Hilterfingen wohnhaft zu Racholtern, eine ledige Weibsperson*, beklagt *der Schwängerung den hiesigen Saager Christen Berger, der seit ohngef: 5 Monaten Wittwer ist*. Die Frau berichtet, sie habe *bey diesem Berger als Jungfrau gedienet*. Sie habe *in seinem Haus bey seinen Kindern in der Nebenstube geschlafen, und da habe sie ihre Stubenthür mit Ihrem Strumpfband verbunden, und er habe es mit einem Messer zu zerschneiden gesucht*. In *der lezten Woche Hornung* habe der Berger *sie einmahl beschlafen und seit der Zeit befinde sie sich schwanger*.

Christen Berger bestreitet, *mit ihr etwas zu thun gehabt zu haben*. Sie jedoch behauptet, mit ihm *fleischlichen Umgang gehabt zu haben*.

Nach Monaten stellt sich heraus, *dass es nur ein Kunstgriff von ihr gewesen sey, den Berger dadurch zu bewegen, dass er sie eheliche*.[59]

Der angebliche Vater ist also sehr beschäftigt. Es ist nicht anzunehmen, dass er eine zweite Anklage riskieren würde.

Die Chorrichter verhören Margaritha Hürner weiter. Auf die Frage nach dem Vater des Kindes werden sie noch einmal zurückkommen müssen. Die nächsten Fragen aber beziehen sich ausschliesslich auf die Geburt selber:

Ob sie stark gearbeitet, als es um die Gebuhrt des Kinds zu thun gewesen seye?

Nein, es seye in einem Wehe gekommen, sie habe mit den Händen nichts geholfen.

Ob sie das Kind nicht betrachtet, als es gebohren ware?

Nein, so weit nicht, sie seye ohnmächtig geworden.

Ob sie an diesem Kind etwas Gewallt verübt habe?

Im geringsten nicht.

Warum denn an dem Kind die Haut verderbt seye, und solches so viele Verlezungen habe?	*Sie habe schon bey 3. Wochen starken Husten gehabt, und geglaubt das Kind seye tod.*
Ob sie noch immer abgelaugnen dörffe an dem Kind Gewalt verübt zu haben?	*An dem Kind habe sie nichts gewaltthätiges verübt.*
Da es augenscheinlich unmöglich dass dieses Kind, ohne Gewallt, so zugerichtet worden seye, so solle sie doch bekennen, wie sie es gemacht habe?	*Sie habe sich im dritten Wehen aufgehalten, und gesucht mit Gewallt Kindbetterinn zu werden, an dem Kind habe sie aber nicht Gewallt verübt, als es auf der Weld gewesen.*
Wie sie dann dem Kind ob dem gebähren Gewallt angethan habe?	*Mit dem Drüken, aber nicht mit den Händen. doch habe sie bei der Gebuhrt das Kind, mit ihren Händen, bei den Füssen gefassesset.*

Ob sie nun nicht gestehen müsse, das Kind umgebracht zu haben, sie solle nur kurz die Wahrheit bekennen.

Sie wisse nicht ob es ob dem werden geschehen sey, sie glaube, sie habe das Kind im lezten Wehe, umgebracht, aber nicht mit Vorsaz.

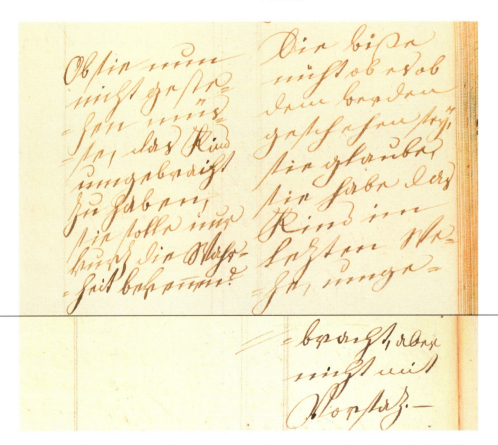

Die Angeklagte erklärt den Vorgang nochmals, fügt aber diesmal ein vielsagendes Wort hinzu. Weil das Kind Schwierigkeiten gehabt habe, aus dem Mutterleib zu schlüpfen, habe sie es an den Füssen gezogen und so *verdrükt*. Noch ein zweites Mal versichert sie, nichts absichtlich gemacht zu haben.

Als nächstes wird Margaritha gefragt, ob sie abgetrieben habe. Eine brisante Frage, die unbedingt geklärt werden muss. Da die Wehen schon im sechsten Monat eingesetzt haben, ist diese Frage durchaus berechtigt.

Die Herren des Gerichtes fragen sie, ob sie *Arzney Mittel zum Abtreiben des Kinds* eingenommen habe. Sie habe nichts genommen, antwortet sie und fügt sogar hinzu, man könne *Nachfrag halten.*

Mit dieser Antwort gibt sich das Gericht vorerst zufrieden. Das erste Examen ist damit beendet. Für kurze Zeit kann Margaritha aufatmen.

Doch für die Examinatoren geht die Arbeit weiter. Über Nacht werden Fragen ausgearbeitet, die Margaritha in der nächsten Verhandlung in die Enge treiben sollen. Denn dieser Fall ist nicht abgeschlossen. Noch nicht. Nach wie vor gibt es zu viele unklare Punkte: Erstens korrigiert sich Margaritha beim Nennen des Vaters und zweitens verstrickt sie sich in widersprüchlichen Aussagen. Einmal sagt sie, sie habe das Kind mit den Händen nicht berührt, später bekennt sie, das Kind bei den Füssen gezogen zu haben.

Wegen dieser Unklarheiten trifft sich der Thuner *Extra Raht* am *9. Christmonat 1795* zu einer ausserordentlichen Sitzung. Auch hier ist Schultheiss von Sinner der Präsident.

Aus Anlass des wahrscheinlichen Kindes Mordes von der Nagler Hürneren begangen, verfügt er Folgendes:

1. Die Examinatoren sollen mit weiteren Examen fortfahren, *die Prozedur zu vervollkommen suchen.*
2. Sei man dann soweit, solle man die *Hürerinn in den Zucht Thurm in das zweite Etage bringen, allwo scharfe Aufsicht auf dieselbe gehalten* werden soll. Sie muss für jedermann unzugänglich eingeschlossen sein. Die Einzige, die sie besuchen dürfe, sei die Hebamme.
3. Solange die Hürnerin im *Zucht Thurm* sei, solle sie von den Examinatoren *dazu* bestimmten *Persohnen unablässig und ohne Unterbrechung bewacht werden.* Wegen *Treü und Verschwiegenheit* sollen diese Männer *in Eides Gelübt nemmen.*[60]

Die Abtreibung

Margaritha ist vom Gericht gefragt worden, ob sie Mittel eingenommen habe, um abzutreiben. Hätte sie diese Frage bejaht, dann wäre – nach dem Beweis – sogleich das Urteil gefällt worden: Todesstrafe. Das sagt die Gerichtsordnung von 1532. Damals wurde im Artikel 133 festgehalten: *Straff der jhenen so schwangern weibsbildern kinder abtreiben.* Dieses Gesetz gilt auch jetzt, Ende des 18. Jahrhunderts, noch. Die Abtreibung eines menschlichen Wesens soll mit dem Tode bestraft werden.

Zentrales Ziel der Obrigkeit ist die Steigerung der Bevölkerungszahl. Die Menschen bilden die Grundlage für den Reichtum des Staates. Die Zahl der Neugeborenen liegt unter der Sterblichkeitsrate. Folglich ist jede Abtreibung ein Verlust für den Staat.

Abtreibungen kommen häufig vor und sind für viele Frauen oft der einzige Ausweg. Da meist zu Beginn einer Schwangerschaft abgetrieben wird, ist die Tat für das Gericht sehr schwer nachzuweisen.

Um festzustellen, ob eine Frau schwanger gewesen ist, setzt man ausgebildete Hebammen ein. Die Hebammen untersuchen den Urin der Frau – eine recht unzuverlässige Methode. Weigert sich die Verdächtige, ihren Urin zu geben, werden die Richter besonders misstrauisch.

Als äussere Zeichen der Schwangerschaft werden die Ausdehnung des Unterleibes, die Veränderung der Brüste oder das Ausbleiben der Menstruation bezeichnet. Doch gerade Letzteres kann nicht immer richtig gedeutet werden. Oft bewirkt falsche oder ungenügende Ernährung oder eine Krankheit das Ausbleiben der Monatsblutung.

Wie hätte Margaritha ihr Kind abtreiben können? Die Mittel, die am meisten verwendet werden, sind – nebst Gewaltanwendung – das Einnehmen von verschiedenen Gewürzen, Seife, Quecksilber oder Branntwein. Diese Mittel wirken gegen Verstopfung und sind wehenfördernd.[61]

Zweites Examen mit der Margrita Amstuz

Am *9. Christmonat 1795* wird das zweite Examen durchgeführt. Margaritha ist also kaum Zeit geblieben, sich von den Strapazen zu erholen.

Die Verhandlung beginnt mit der folgenden Frage:

Frag	*Antwort*
Ob das Kind, so sie gestern gebohren, gelebt habe, als es auf die Weld gekommen seye?	*Nein, es habe nicht mehr gelebt, sie habe das Kind betrachtet, es seye blau gewesen, und habe Haut abgehabt.*

Aufmerksame Examinatoren werden stutzig. Hat die Angeklagte am Vortag nicht berichtet, sie sei nach der Geburt ohnmächtig geworden?

Ganz offensichtlich widersprechen sich Margarithas Antworten. Handelt es sich etwa um ein Ablenkungsmanöver?

Nach ihrer nächsten Aussage, *sie habe nach der Geburth nichts daran gemacht*, das Kind *seye so auf die Weld gekommen*, wird sie verwarnt.

Hierauf wurde der Delinquentin verdeutet, dass der Tit. Chyrurgus Stettler zugegen seye, um das Kind aufzuschneiden, wo sich dann alles aufheitern und an Tag kommen werde, was passiert seye, sie werde also nochmals befragt ob sie bezeugen dörffe, dass das Kind tod zur Weld gekomen seye?	*Das Kind habe ein lebliches Zeichen gethan; – es seye lebendig geworden, das bekenne sie.*

Die Situation, in der Margaritha nach dieser Antwort steckt, scheint fast ausweglos. Wie kann sie sich verteidigen? Welche Möglichkeit besteht noch, das Gericht von ihrer Unschuld zu überzeugen? Ihr Leben steht auf dem Spiel.

Nach *ernstlicher Vermahnung*, doch endlich die Wahrheit zu sagen, fragt man sie:

Ob sie nun nicht gestehen müsse, dieses Kind, mit Vorsaz umgebracht zu haben?	*Ja, es seye wahr.*

Sie solle nun auch alle Umstände anzeigen, wie sie dieses Kind umgebracht habe?

Sie habe es, beim Köpflj gehabt, mit ihren beiden Händen verdrükt, bis es tod gewesen; – dieses habe sie gethan, alldieweil die Magdalena Tremp die Hebamme geholt habe, indem das Kind während dieser Zeit geworden seye.

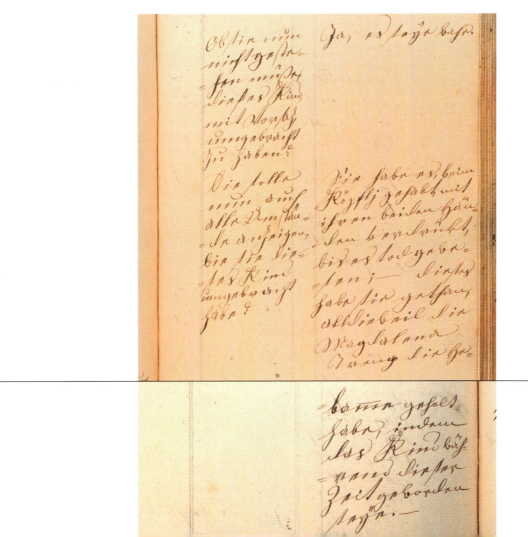

Das Ziel der Examinatoren ist erreicht: Margaritha hat ein Geständnis abgelegt. Dennoch ist der Fall damit nicht abgeschlossen.

Sie solle nun auch in Betref des Vatters ihr Gewissen entladen, und doch den rechten angeben?	*Es seye der Rebgässlj Hans.*
Warum sie so unmenschlich mit diesem Kind umgegangen, sie solle bekennen, ob sie jemand zu dieser That verleitet, und ob ihr jemand Versprechungen gethan habe, den rechten Vatter zu verheimlichen?	*Es seye nicht durch Versprechungen geschehen, noch wegen Verschweigung des Vaters, sie habe nun solchen angezeigt; – der böse Geist habe ihr solches eingegeben.*
Ob sie noch ferners etwas zu sagen habe?	*Nein!*

Mit dieser Frage ist das zweite Examen abgeschlossen. Margaritha wird abgeführt und in den Zuchtturm gebracht.[62]

THUN.

Margaritha Hürner, die Gefangene

Von nun an verbringt Margaritha ihre Zeit im Turm in der Nähe des Schlosses. Sie wird streng bewacht und darf ausser der Hebamme keinen Besuch empfangen.

In vielen Zuchttürmen des 18. Jahrhunderts herrschen prekäre Verhältnisse. Die sanitären Einrichtungen in den Zellen sind erbärmlich. Zur Aufnahme von Fäkalien stehen Holzkübel herum, die nur teilweise mit einem Deckel versehen sind und von den schlecht bezahlten Wächtern kaum geleert werden. Deshalb sind die Türme von durchdringendem Gestank erfüllt.

In dieser Umgebung finden Ratten und Mäuse ideale Lebensbedingungen, ebenso Flöhe und Läuse. Die Gefangenen leiden an unerträglichem Juckreiz, die Infektionsgefahr ist gross. Frisches Brunnenwasser gibt es nicht, die Gefangenen haben keine Gelegenheit, ihren Körper sauber zu halten. Gerade die Frauen, die wegen Kindsmord angeklagt sind, wollen bei den Examinatoren einen guten Eindruck hinterlassen. Wenn sie ungepflegt sind, können sie nicht selbstsicher auftreten.

Im Winter ist es in den Türmen eisig kalt. Die Kälte und das ständige Frieren machen die Gefangenschaft zur Qual. Ganz besonders leiden diejenigen Gefangenen, die in Fuss- und Handeisen gelegt oder in den Beinblock gefesselt sind. Sie haben nicht die geringste Möglichkeit, sich durch Bewegungen warm zu halten.

Aus den Quellen geht nicht hervor, ob Margaritha Hürner so gefangen gehalten wird. Wie sie die Zeit ihrer Gefangenschaft verbringt, hängt stark von der jeweiligen Wache ab.

Ob die Hebamme Täuscher Margaritha besucht, ist in den Manualen nicht festgehalten. Vielleicht leidet Margaritha unter Nachblutungen, die behandelt werden müssen. Am dritten Tag nach der Geburt wird ihr vermutlich der Milcheinschuss zu schaffen machen. Dies könnten Gründe sein, die den Besuch der Hebamme erfordern.[63]

Verteidigungsstrategien

Während der ersten beiden Examen versucht Margaritha Hürner sich mit allen Mitteln, zu verteidigen. Sie weicht aus, macht widersprüchliche Aussagen und versucht sich so aus der Schlinge zu ziehen.

Margaritha hat einen schweren Stand im Gerichtssaal. Sie stammt aus der Unterschicht und wird mit dem gebildeten Bürgertum konfrontiert. Sie ist allein unter lauter Männern und wird über ein Thema befragt, das zum Diskussionsbereich der Frauen gehört: Schwangerschaft und Geburt.

Der Aufbau eines Verhörs ist grundsätzlich immer gleich. Zuerst fragen die Examinatoren nach Namen, Alter und Beruf. Dann geht es um die Frage, weshalb die Angeklagte ihre Schwangerschaft verschwiegen und heimlich und ohne Hilfe geboren habe. Ganz wichtig sind die beiden Fragen, ob die Frau das Kind lebend geboren habe und ob sie es vorsätzlich habe sterben lassen.

Die Angeklagte wird immer wieder befragt, bis sie müde und so in die Enge getrieben ist, dass sie sich aufgibt. Der Fall muss zudem möglichst schnell abgeschlossen werden, denn die angeklagten Frauen haben in der Regel kein Geld, um die Prozesskosten zu übernehmen.

Wenn die Examinatoren nicht zum Ziel kommen, dann drohen sie der Angeklagten, ihre Tat durch einen Fachmann beweisen zu lassen. Letztes Druckmittel ist die Folter: Meistens ändern die Befragten ihre Aussagen nach der richterlichen Erlaubnis zur Folter.

Die meisten Frauen, die des Kindsmordes angeklagt sind, behaupten, ihr Kind sei tot zur Welt gekommen. Da das Gericht gegenüber Totgeburten sehr misstrauisch ist, erfinden die Frauen alle möglichen Vorfälle, um noch glaubhafter zu wirken.

Manche behaupten, sie hätten keine Kindsbewegungen gespürt, seien lange krank gewesen und hätten oft Fieber gehabt. Andere berichten, sie hätten nichts von ihrer Schwangerschaft gewusst, der Teufel habe seine Hände im Spiel gehabt. Das Ausbleiben der Monatsblutung und der dicke Bauch seien die Folge eines Wutanfalles. Sie seien von der Geburt übereilt worden und hätten deshalb heimlich geboren. Wieder andere sagen, sie hätten schwere Arbeiten verrichtet und deshalb eine Frühgeburt gehabt.

Manchmal – wie im Fall von Margaritha Hürner – weist das Neugeborene Verletzungen auf, die der Angeklagten zum Verhängnis werden könnten. Dann versucht sie die Richter von einer Ohnmacht nach grossem Blutverlust oder einer Sturzgeburt zu überzeugen und betont, dass sie keine Gewalt angewendet habe. Deshalb achtet sie darauf, während des Verhörs keine verdächtigen Handbewegungen zu machen. Wenn es ihr gelingt, Ruhe zu bewahren, kann sie sich besser verteidigen.

Warum glaubt das Gericht einer Frau nicht, wenn sie darauf beharrt, dass ihr Kind eines natürlichen Todes gestorben sei? Im 18. Jahrhundert ist es gar nicht so unwahrscheinlich, dass ein Kind tot zur Welt kommt oder kurz nach der Geburt stirbt.

Das Gericht interpretiert die Aussagen der Frauen als Strategie, mit der sie der Hinrichtung entgehen wollen. Den Examinatoren geht es also nicht um Schuld oder Unschuld, Ziel ist einzig und allein das Geständnis als Grundlage für die Verurteilung.[64]

Drittes Examen mit der Delinquentin

Die dritte Verhandlung wird am *15. Christmonat 1795* abgehalten. Das Geständnis der Angeklagten ist da, sie hat den Tathergang beschrieben und hat berichtet, dass keine anderen Personen an der Tat beteiligt gewesen seien. Warum also noch ein drittes Examen?

Die Examinatoren wollen sicher sein, dass Margaritha beim zweiten Examen wirklich den richtigen Vater genannt hat.

Frag	*Antwort*
Ob sie auf dem Rebgässlj Hans als Vatter beharre?	*Ja; sie beharre auf ihm, er seye offt bey ihr gewesen.*

Interessant ist, dass das Chorgericht Margarithas Antwort jetzt akzeptiert und die Vaterschaft von Hans Rebgässli nicht weiter hinterfragt. Das Gericht hat bereits erforscht, dass dieser Hans Rebgässli *Vieh Docktor* ist. Somit hätte er die Möglichkeit gehabt, Margaritha verschiedene *Arzney Mittel* zu verabreichen. Deshalb wird sie gefragt, ob er ihr während der Schwangerschaft *Arzney Mittel* gegeben habe. Sie antwortet, *sie habe ihm auch die Schwangerschafft nicht angezeigt, sondern solches erst im siebenden Monat thun wollen.*

oder ob sie vom jemand anderm während dieser Zeit Arzney Mittel gebraucht habe, und von wem?	*Nein, von Niemand nicht die geringsten Mittel, sie habe nun alles gesagt, was sie hierüber zu sagen habe;*
Ob ihr von jemand, wer es auch immer seye, etwas versprochen – oder ihr getrohet worden, wenn die Kindbette insgeheim vorgehe, und den Vatter verhähle?	*Nein, weder viel noch wenig, es seye ihr nichts versprochen, und nichts getrohet worden, auch habe ihr Niemand einige Anweisung gegeben.*

Margaritha wird noch mehrere Male vom Gericht ermahnt, die ganze Wahrheit zu sagen. *Sie würde ihr Gewissen noch mehr befleken, wenn sie von dergleichen Sachen etwas bei sich behalten, und nicht freimüthig die Wahrheit bekennen würde.* Darauf antwortet sie, *sie habe alles gesagt, was sie zu sagen habe, und nichts verschwiegen.* Zum Schluss fragt das Gericht:

| *Ob sie in ihrem Gewissen im geringsten etwas druke, so solle sie es nur freymüthig und ungescheut eröfnen?* | *Nein, es druke sie nichts mehr, sie habe alles gesagt.*[65] |

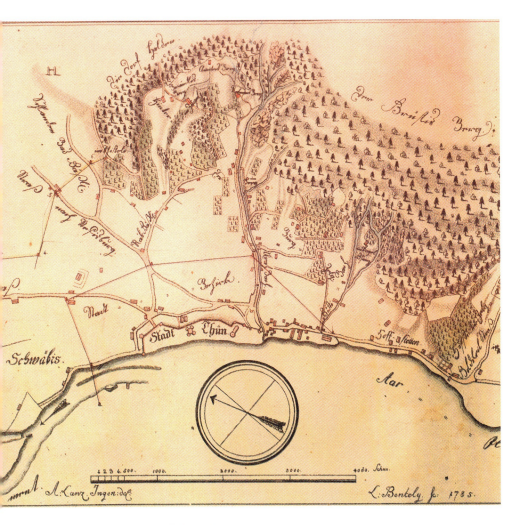

Hans Rebgässli, der Liebhaber

Hans Rebgässli. Ein eigenartiger Nachname. Ein Nachname, der nicht offiziell sein kann und vermutlich auf den Wohnort hinweist. Auf dem Thuner Stadtplan ist das Rebgässli deutlich zu erkennen: ein Strässchen mit ein paar wenigen Häusern. Deshalb ist nicht anzunehmen, dass dort mehrere Männer mit dem Namen Hans Rebgässli wohnen.

In einem Chorgerichtsmanual ist häufig von einem *Hanns Zimmermann im Rebgässlj, ein Vieh Doctor aus dem Schangnau* die Rede.[66] Passende Angaben. Zimmermann ist im Juni 1785 erstmals nach Thun gekommen. Damals bat er, sich in Thun aufhalten zu dürfen. Dieser Aufenthalt wurde ihm gewährt, unter der Bedingung, dass er nicht mehr im Sädel bei seiner Schwester esse.[67]

Im Jahre *1787, am 26. Wintermonat,* wird Johannes Zimmermann von *Margaritha Stettler von Walkringen* wegen Paternität angeklagt. Drei Jahre später, am *21. Juni 1790,* wird er erneut angezeigt: Auch *Salome Küpfer von Oberdiessbach* erwartet ein Kind von ihm.[68]

Am *18. Juli 1790* hält das Chorgericht folgende *Leümdens Zeügsame* fest: *Dass er ein schlechter Mensch, der dem Weibsvolk nachzieht, ein Beschwörer und überhaubt ein schlechtes Subject ist.* Am *9. August* sagen weitere Personen über ihn aus: *Johann Zimmerman, ein Vieh Doctor aus dem Schangnau wohnhaft hinter der Burg, ist uns sämtlich als ein ziemlich schlechter junger Pursch bekannt, der imsonders dem Weibs Volck sehr ergeben ist.*[69]

Zimmermann wird am *12. August* für eine Gerichtsverhandlung wegen der Klage von Salome Küpfer aufgeboten und *zu Abbüssung dieses begangenen ledigen Fehlers zu fünftägige Chorgerichtliche Befangenschafft* verurteilt.[70]

Johannes Zimmermann, verheiratet mit Christina Zimmermann, ist also den Mitgliedern des Chorgerichtes bekannt. Am *26. Februar 1792* wird er zum ersten Mal wegen einer anderen Sache vom Gericht aufgeboten. Er hat sich nämlich erlaubt, ein Verbot vor sein Haus zu stellen. Dieses Schild verbietet jedem, den Fussweg vor seinem Haus zu benutzen. Er versperrt damit einen öffentlichen Weg.[71] Zudem ist der Zaun links und rechts des Weges zu hoch, er sollte *2 oder 2½ Schu hoch* sein.[72] Das Chorgericht befiehlt Zimmermann, *alles in den alten Stand zu stellen.* Er verspricht, dies sofort zu erledigen. Da Zimmermann seine Zusage nicht einhält, wird *Kleinweibel Lehnherr* am *3. April* beauftragt, *den Zimmermann anzuhalten,* dass er *das Verbott Zeichen weg thun damit Jedermann diesen Weeg brauchen könne.*[73] Doch bis zum *19. August 1793* geschieht wieder nichts. Das berichten *ein paar unpartheyische Männer,* die vom Gericht den Befehl erhalten haben, diese Sache zu überprüfen.[74] Weil Johannes Zimmermann durch sein Verhalten Kosten verursacht, übergibt ihm *Kleinweibel Lehnherr* ein *Kostens Verzeichnus.* Zimmermann zahlt. Der Streit über diesen Weg und die zu hohe *Stapfe* geht noch Jahre weiter.[75]

Die Vaterschaftsgesetzgebung

Mit der Reformation fliessen neue Auffassungen in die chorgerichtliche Gesetzgebung ein. Ziel ist es, *hury und unküschheyt zu vermyden*. Die Chorgerichtssatzungen von 1529 halten folgende Bestimmungen fest:

[7] *So aber einer ein dochter, magt oder junckfrowen verfellt, geschnächt oder geschwecht hätte, die noch nitt vermächlet wäre, der soll iren ein morgengab gäben und sy zu der ee haben.*

[8] *Wöllent ims aber der tochter vatter, mutter, vogt oder verwalter nit lan, so soll der sächer die tichter usssturen nach der oberkeyt erkanntnuss; und wo ers am gutt nitt vermöchte, soll er lyden am lyb und gestrafft wärden nach der oberkeyt erkanntnuss.*

[29] *Wo ledig personen uneerlich und ergerlich by einadern wonent, söllent von den eerichtern gewarnet wärden, das sy sich in manots frist zesamen vereelichent oder voneinandern gangint, wo sy aber das nit thättint, sonder in ergernuss verharretint, söllent sy gestrafft wärden mit leystung und gelt nach unser statt satzung gewonlich.*

Mit den neuen Regelungen soll nichteheliche Sexualität durch Eheschliessung legitimiert werden. Ist dies nicht möglich, soll die Frau für den Verlust ihrer Jungfräulichkeit eine Entschädigung erhalten. Sie kann jedoch keine Ansprüche geltend machen, wenn sie sich mit einem verheirateten Mann eingelassen hat.

Über die Versorgung eines unehelichen Kindes sagen die Satzungen allerdings nichts aus. Nach altem Recht sorgt der Vater für sein uneheliches Kind. Die Vaterschaft beweist nötigenfalls die Mutter durch ihren Eid. Eine Frau, die wissentlich mit einem verheirateten Mann geschlechtlich verkehrt oder keine ehrbare Jungfrau mehr ist, hat kein Klagerecht und muss selber für ihr Kind aufkommen.

Diese Regelungen gelten bis zu Beginn des 18. Jahrhunderts. Erst 1712, in der erneuerten *Straff-gesatz, die hurey und den ehebruch betreffend, zusammt der verordnung, wie in diesen fällen zu verfahren*, wird das Vorgehen in Vaterschaftssachen bestimmt.

Praktisch unverändert werden diese Gesetze in die Satzungen von 1743 und 1760 übernommen. Im Jahre 1787 werden diese Bestimmungen erweitert.

Jede ledige oder verwitwete Frau, die schwanger wird, ist verpflichtet, dem Chorgericht ihre Schwangerschaft anzuzeigen und den Namen des Vaters zu nennen. Das Chorgericht übernimmt dann die Untersuchung des Falls. Findet man den Vater, so wird das Kind ihm in Bezug auf Namen, Heimatort und Unterhalt zugesprochen. Dabei kann auch eine Beitragspflicht der Mutter verfügt werden. Gegenüber früher ist die Möglichkeit zur Vaterschaftsklage erweitert worden.

Falls dem Geschlechtsverkehr ein Eheversprechen vorausgegangen ist, kann die Frau den Vollzug der Ehe verlangen. Weigert sich der Mann, hat die

Frau das Versprechen zu beweisen. Oft wechselt der Vater den Wohnort und entzieht sich so der Verantwortung.

Die Strafen des Chorgerichtes für *Hurey* und *Ehebruch* sind beträchtlich. Doch auch bei grösster Wachsamkeit ist das Gericht nicht in der Lage, die Gesetze vollständig durchzusetzen.[76]

Der Beweis des Chirurgen

Das Geständnis von Margaritha ist zwar da, trotzdem beharrt der Schultheiss auf der bereits angeordneten Untersuchung des Kindes durch den Chirurgen Stettler. Dieser verfasst am *17.ten Xbris 1795* ein *Visum Repertum* auf Befehl des *Wohl Edelgeborenem Meines Insonders Hochgeehrten Herren Oberst und Schultheis v. Sinner auf Thun.*

Stettler hat seine Arbeit sehr pflichtbewusst ausgeführt: Der Bericht ist ungewöhnlich lang und reich an Details.

Diese unzeitige Frucht zeigte bei dem ersten Anblik eine vorgegangene und erlittene Gewaltthätigkeit; sie lag tod in Tücher gewikelt und mag beinahe am Ende des 6.ten Monats der Schwangerschafft ans Tageslicht gekommen seyn, – an dem Leib dieses Kindes, waren hienach beschriebene ungewöhnliche und unnathürliche Veränderungen zu sehen; als: Der ganze Kopf, das Gesicht ausgenohmen ware mit einer sehr starken, wässrichten braunrothen Geschwulst behafftet, auf dem linken Schlafbein vorzüglich, fand sich eine mit Blut unterlauffene Stelle, die ganze rechte Seite des Halses, bis über den

*untern Kiefer
war geschwollen, mit
Blut unterlauffen
und gleich der eben
beschriebenen Geschwulst
auf dem Schlafbein
seiner Oberhaut/
(Epidermis) vollkommen
beraubt; im gänzlich
gleichen Zustand be-
fand sich auch das obe-
re Augenlid des lin-
ken Auges, – beide
Vorder Arme, Hände
und Finger, die Brust
und der ganze Unter-
leib, die Unterschenkel,
Füsse und Zehen und
grösstentheils auch der
Rüken waren ganz
von der Epidermide ent-
blöst, die untere rechte
Seite des Unterleibs, besonders die Nabelschnur und
die Geburts-Theile, wa-
ren geschwollen, und hatten
von dem ausgetrettenen
und auch durchscheinenden
Blute eine schwarzblaue
Farbe.
Solch ein Aussehen
hatte dieses unglükliche
und Bedaurenswürdi-
ge Kind.
Ob nun an dieser
todten Leibesfrucht Ge-
wallt geübt worden,
ist aus obiger Beschrei-
bung ausser allem
Zweifel. Ob aber dieses
Kind lebendig zur
Welt gebohren worden,
dieses wäre nicht schwer*

deutlich genug zu beweisen; wenn das freye Geständnis seiner unglüklichen Mutter es nicht vollkommen unnöthig machte.
Dieses ist, was über diesen Vorfall glaubwürdig und pflichtmessig die Ehre hat gehorsamst zu bezeugen.
Thun 17.ten Xbris 1795 sign. Stettler Geburtshelfer.[77]

Der Kindsmord

Die Kindstötung gilt im ganzen christlichen Europa als ein todeswürdiges Vergehen. Trotzdem kommt es bis ins 15. Jahrhundert in diesem Zusammenhang kaum zu Hinrichtungen. Es gibt weder Kläger noch Richter und somit keine obrigkeitliche Instanz, die berechtigt wäre, solche Strafmassnahmen von sich aus zu vollstrecken.

Bis zu Beginn des 16. Jahrhunderts wird von den Gerichten mild geurteilt, Kindsmörderinnen werden höchstens aus der Stadt verbannt. In der Zeit der Reformation verstärkt sich das moralische Bewusstsein der Obrigkeit. Man ist wachsam und will den Kindstötungen nicht mehr tatenlos zusehen. Denn man ist überzeugt, dass Gott die ganze Gesellschaft bestrafen wird, wenn die Kindsmörderinnen nicht zur Rechenschaft gezogen werden.

Die Gerichtsordnung Karls V. von 1532, genannt Carolina, bildet die erste mehr oder weniger verbindliche Grundlage für die Bestrafung des Kindsmordes:

Artikel 131:
Item welches weib jre kind, das leben und glidmass empfangen hett, heimlicher bosshaftiger williger weiss ertödtet, die werden gewonlich lebendig begraben und gepfelt.

Artikel 36 ff.:
Item so man eyn dim so für ein jungfraw geht, imm argwon hat, dass sie heimlich ein kindt gehabt, und ertöd habe, soll man sonderlich erkunden, ob sie mit einem grossen ungewonlichen leib gesehen worden sei. Mer, ob je der leib kleyner worden und darnach bleych und schwach gewest sey.

Durch *verständig Frawn* muss die Verdächtige *an heimlichen stetten* untersucht werden. Wenn sie ihre Tat immer noch nicht gesteht, wird sie verhört.

Die Obrigkeit will sämtliche Geburten unter Kontrolle haben. Deshalb steht die ganze Gesellschaft unter Anzeige- und Kontrollpflicht. Hat jemand den Verdacht, dass eine Frau ausserehelichen Geschlechtsverkehr hat, muss er sie anzeigen. Tut er dies nicht, so droht ihm als Mitwisser eine Strafe. Da die Frauen absichtlich zu weite Kleider tragen, ist es für Aussenstehende oft schwierig, eine Schwangerschaft zu erkennen. Wenn ein Kind tot aufgefunden wird, denkt man als erstes an Kindsmord. Die Kleider der Verdächtigen werden heimlich nach Blutspuren untersucht, erst dann erfolgt die Anzeige. Oft, wie bei Margaritha Hürner, ordnet die Obrigkeit anschliessend eine Besichtigung der Kinderleiche an.

Ende des 17. Jahrhunderts ist man überzeugt, in der Lungenschwimmprobe ein Beweismittel für den Kindsmord gefunden zu haben. Gemäss der Carolina muss ja festgestellt werden, ob das Kind gelebt hat oder nicht. Dazu schneidet man die Lunge aus dem Körper und legt sie ins Wasser. Schwimmt sie oben, so ist sie mit Luft gefüllt – das Kind hat gelebt. Aber schon im 18. Jahrhundert beginnt man an der Zuverlässigkeit dieser Methode zu zweifeln, vor allem bei verwesenden Kinderleichen. Um die Todesursache zu ermitteln, greift man vermehrt zur Obduktion, die für die Urteilsbildung von grosser Bedeutung ist.

Zur Festlegung des Strafmasses muss der Frau bewiesen werden, dass sie ihr Kind vorsätzlich getötet hat. Dazu benötigt man ein Geständnis oder Indizienbeweise.

Von allen Tötungsdelikten wird der Kindsmord am härtesten bestraft. Wenn eine Frau ein ungetauftes Kind tötet, entzieht sie ihm die Aussicht auf ewige Seligkeit. Die Carolina bezeichnet dies als *unchristliches unmenschliches Übel und mordt*. Bei der Bestrafung des Kindsmordes wird nicht nur der Mord allein, sondern auch das sittenwidrige und unzüchtige Verhalten bestraft.

Nach den recht weit gefassten Bestimmungen der Carolina wird fast 300 Jahre lang gerichtet: Das Kind *muss leben und glidmass empfangen*. Wie ist diese Aussage zu interpretieren? Soll das Kind bei der Geburt lebendig sein, sich bewegen, alle Glieder haben und fähig zum Weiterleben sein? Wie wird bei einem behinderten Kind gehandelt?[78]

Thun muss sich absichern

Am *22.ten Christmonat 1795* trifft sich der *Extra Raht* von Thun *im Beisein der Rähten* zu einer Verhandlung und stellt fest, dass Schultheiss von Sinner die Akten bereits hat nach Bern bringen lassen. Es wird vermerkt: *Das mit der Margrita Hürner, geb. Amstuz verführte Examen, und Visum Repertum wurde abgelesen und darüber verfügt: Diese Criminal Prozedur seye komplet, und also reif Mngndhhd vorgetragen zu werden*. Das Urteil kann nun ausgesprochen werden.[79]

Es ist also der Schultheiss, der als oberste politische Instanz Margaritha Hürner verurteilen will. Für die Stadt Thun trägt er für diese Entscheidung die Verantwortung. Wie vor jeder Hinrichtung muss er jetzt noch das Einverständnis von Bern einholen, da Thun der Stadt Bern unterstellt ist.

Carl Ferdinand von Sinner ist 1748 geboren. Im Jahre 1772 heiratet er eine Elisabeth von Graffenried. Seine politische Laufbahn beginnt er im Alter von 37 Jahren als Mitglied des Berner Grossen Rates. Nachdem er 1791 seine Fähigkeiten als Oberstleutnant unter Beweis gestellt hat, wird er 1793 Schultheiss von Thun. Jetzt, zwei Jahre später, entscheidet er über das Leben von Margaritha Hürner.[80]

Er hält jedoch die Vorschriften nicht ein. Der Venner Koch ist wütend, weil der Schultheiss eigenmächtig gehandelt hat. Er hätte nämlich zuerst den Thuner Rat informieren sollen. Koch fragt ihn, ob er das Examen als Ratspräsident oder als Präsident der Kriminalkommission nach Bern geschickt habe.

Am *23.ten Christmonat 1795 stattet Mwhr Venner Koch Rapport ab, dass sie die beiden WHHn Venner mit MmHHn Schultheis geredt* haben, *wegen dem nach Bern geschikten Schreiben und Examen*. Tatsächlich habe der Schultheiss die Akten ohne Genehmigung durch den Thuner Rat nach Bern gesandt. Man einigt sich, diese Angelegenheit zu vergessen, es *solle aber für die Zukunfft so sein, dass die Examen vorerst vor Raht gebracht werden,* um *dergleichen Unglüke* zu vermeiden.[81]

Das Urteil

Am *12.ten Jenner 1796* kommt der *Extra Raht* von Thun zu einer Versammlung zusammen. Die *bestehenden Anzeige, die aufgenommenen Informationen und die verführten Examina, auch das Visum Repertum und diesemnach wurde über die Delinquentin nach gehaltener Umfrag von MnwHH den Rähten nach Vorschrift der Gesezen einmühtig erkennt:*

Da diese Margrita Amstuz, Rudolf Hürners Wittwe, krafft der mit ihr verführten Examen, eingestanden ist, unterm 8. Christmonat 1795 das von ihr damals zur Weld geborene Knäblein, vorsezlich ertrükt und umgebracht zu haben, so solle dieselbe, durch den Scharfrichter vom Leben zum Tod hingerichtet werden.

Die Art der Todesstrafe steht allerdings noch nicht fest. Die Ratsherren werden sich einigen müssen, wie Margaritha Hürner sterben soll.

Am 12. Januar ist Margaritha krank. Deshalb wird die Verkündung des Urteils auf den folgenden Tag *9 Uhren* verschoben.

Im Gegensatz zur Zeit der Examen verhält sich das Gericht jetzt rücksichtsvoll. Im Dezember ist Margaritha noch am Tag der Geburt in den Gerichtssaal gebracht worden.

Dass sie nun geschont wird, hat einen Grund. Damit das Urteil wirkt, soll es bei vollem Bewusstsein der Angeklagten ausgesprochen werden. Für Margaritha käme es sicherlich nicht darauf an, ob das Urteil heute oder morgen verkündet würde. Ein Zurück ist jetzt nicht mehr möglich. Auch wenn sie heute alles anders machen würde, das interessiert niemanden. Das Chorgericht kennt in einem solchen Fall keine Gnade.

In einem Punkt allerdings zeigt sich der Rat nachsichtig und verständnisvoll. *Dekan Stähli* soll nämlich durch ein Schreiben ersucht werden, die Delinquentin *gebührend zu unterrichten und vorzubereiten.*

Am *13. Jenner* beschliessen der *Extra Raht und Burger der Stadt Thun* unter Eid das endgültige *Urtheil* wegen *jener höchst unglüklichen That*:

> *So solle dieselbe*
> *durch den Scharfrich-*
> *ter mit dem Schwert*
> *vom Leben zum*
> *Tod hingerichtet*
> *und ihr Leichnahm*
> *an dem verschmach-*
> *ten Ort verschar-*
> *ret werden.*[82]

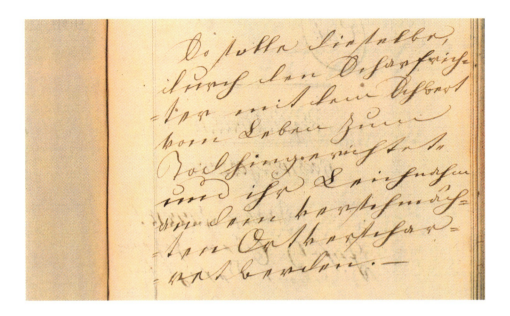

Margaritha Hürner steht auf dem Rathausplatz. Streng bewacht. Die Augen der neugierigen Bürgerinnen und Bürger sind auf sie gerichtet. Diesen Blicken kann sie nicht entkommen. Sie steht da und hört das Urteil: Zum Tode verurteilt.

Ist Margaritha eine Frau, die Reue verspürt? Würde sie ihr Kind wieder umbringen? Bittet sie Gott um Vergebung? Ist sie froh, dass das Ganze nun ein Ende hat? Wünscht sie sich, so schnell wie möglich sterben zu können?

Die Todesstrafe

Margaritha ist eine der vielen Menschen, die mit dem Tod bestraft werden. Die Todesstrafe ist die älteste aller Strafen. Schon bevor Geldbussen oder Freiheitsstrafen eingesetzt wurden, hat sie existiert. Wenn jemand gegen festgelegte Gesetze verstiess, waren früher nur zwei Arten von Bestrafung bekannt: die Todesstrafe oder die Verstossung aus der Gemeinschaft, was wohl mit dem Tod gleichzusetzen ist.

Jeder Mensch hat gegenüber einem anderen Menschen Tötungshemmungen. Die Aggression ist auch gegenüber Feinden durch eine Hemmung gemildert. Der Täter schaut seinem Opfer – wenigstens in früheren Zeiten – in die Augen. Er bricht das Gebot «Du sollst nicht töten». Nach der Tat empfindet er womöglich Gefühle wie Reue, Schuld oder Mitleid. Indem er sich mit dem Opfer identifiziert, bestraft er sich selber.

Erst der moderne Mensch versteht es, diese Tötungshemmung ausser Kraft zu setzen. Er vergrössert die Reichweite seiner Waffen. Dadurch wird das Töten unpersönlich. Der Augenkontakt wird vermieden.

Margaritha Hürner soll mit dem Schwert enthauptet werden. Eine Art der Hinrichtung, bei der die Tötungshemmung gross ist.

Enthaupten

Enthaupten, hängen, rädern, verbrennen, kreuzigen, steinigen, ertränken, lebendig begraben – die folgende Tabelle zeigt die Hinrichtungsarten im bernischen Aargau von 1503 bis 1796.

	Lebendig begraben	Feuer	Wasser	Rad	Strick	Schwert	unbek.	Total
1503–1559	1 (1)	1	11 (11)	3	1	4	2	23 (12)
1560–1600		21 (16)	3 (3)	10	39	52 (1)	25 (4)	150 (24)
1601–1625		17 (13)		23	8	53 (8)	6 (5)	107 (26)
1626–1650		4 (1)		11	2	28 (4)	7 (1)	52 (6)
1651–1675		4		2	1	23 (8)	2	32 (8)
1676–1700		1 (1)		1		13 (3)		15 (4)
1701–1725					15	8 (5)	2 (1)	25 (6)
1726–1750		2		1	7	7 (5)	1	18 (5)
1751–1775				3	7	6 (5)	1	17 (5)
1776–1796				2	3	5 (4)		10 (4)
	1 (1)	50 (31)	14 (14)	56	83	199 (43)	46 (11)	449 (100)

In Klammern: davon Frauen

Jede Stadt und jedes Gericht besitzt an weithin sichtbarer Stelle einen Galgen, der das Volk täglich an die irdische Rechtssprechung erinnern soll. Da immer mehr Delikte mit Enthauptung bestraft wurden, benötigte man zu Beginn der Neuzeit eine zusätzliche Hinrichtungsstätte. Diese befindet sich meist neben dem Galgen und besteht aus einem mannshohen, rechteckigen, gemauerten Podium, das über eine Treppe zu erreichen ist.

Der Richtplatz in Thun befindet sich auf der linken Seite der Aare. Die Abbildung unten zeigt den Galgen am Waldrand nordwestlich des Schlosses. Das ist das Gebiet des heutigen Lerchenfeldes. Margaritha Hürner wird an ihrem Todestag eine beachtliche Strecke zurücklegen müssen.

Vor dem Beginn des 17. Jahrhunderts werden fast ausschliesslich Männer mit dem Schwert enthauptet. Die Schwertstrafe soll auf das Volk besonders abschreckend wirken. Im 17. Jahrhundert verliert man dann auch die Tötungshemmung gegenüber Frauen, vor allem gegenüber Kindsmörderinnen. Weil die Leidenszeit der Verurteilten bei einer Enthauptung am kürzesten ist, wird diese Strafe als Gnadenakt verkündet.

Eine Enthauptung ist ein grosses Ereignis. Wie in einer Theateraufführung spielt die Verurteilte die Rolle der Heldin. Ihr Gegenspieler ist der Scharfrichter. Die Bühne, das Schafott, ist von einer unübersehbaren Menschenmenge, dem Publikum, umlagert. Als Requisit dient ein schwarzes Tuch, manchmal auch ein Kissen.

Die Vorstellung beginnt. Die Hauptperson besteigt die Bühne, meist kniet sie nieder und betet. Der Pfarrer spricht ihr Trost zu, damit sie sündenfrei vor Gott stehen kann. Oft redet die Verurteilte noch ein paar Worte zum Volk, entschuldigt sich, dankt dem Gericht und empfiehlt den Leuten, christlich zu leben.

Auf dem Schafott steht ein Block, auf den die Verurteilte ihren Kopf legt. Jetzt erledigt der Knecht des Scharfrichters seine Arbeit: Er fesselt ihre Hände, verbindet ihr die Augen mit einer weissen Binde und schneidet die Nackenhaare. Der Meister selbst rührt sich nicht. Er beobachtet.

Sobald die Verurteilte zum Sterben bereit ist, gibt sie dem Scharfrichter ein Zeichen. Man erwartet von ihr, dass sie ihren Hals dem Schwertschlag preisgibt.

Nun kommt der entscheidende Augenblick. Der Scharfrichter muss seiner Rolle gerecht werden. Unter seinem Mantel zieht er das Richtschwert hervor. Dann legt er das Kleidungsstück ab, fasst das Schwert mit beiden Händen und lässt es durch die Luft gleiten. Mit einem einzigen Hieb schlägt er der Frau den Kopf ab. Es ist seine Pflicht, beim ersten Mal die richtige Stelle zu treffen.

Der Kopf rollt über das Schafott. Der Scharfrichter hebt den Kopf an den Haaren hoch und zeigt ihn – als Beweisstück – dem neugierigen Volk. Nachher wendet er sich an den Richter. Hat er seine Aufgabe als Scharfrichter erfüllt, wird er von aller Schuld freigesprochen.

Währenddessen spielen sich auf dem Richtplatz eigenartige Szenen ab: Im Volksmund heisst es, das Blut der Enthaupteten heile Krankheiten. Es soll Leute geben, die grosse Tücher in diesem Blut tränken. Eigentlich ein widersprüchliches Verhalten. Einerseits betrachtet man die eben Hingerichtete als böse, nicht gottesfürchtig und ungehorsam. Andererseits reisst man sich jetzt um ihr Blut.

Der Kopf der Hingerichteten wird nun aufgespiesst und zur Abschreckung des Volkes aufgestellt. Er soll die Bevölkerung warnen, dasselbe Verbrechen zu begehen, und erinnert gleichzeitig an die irdische Rechtssprechung. Zudem glaubt man, dass der Kopf eines unreinen und ungehorsamen Menschen Dämonen von der Stadt fernhalte. Ob auch Margarithas Kopf so ausgestellt wird, ist aus den Quellen nicht ersichtlich.

Damit die Enthauptung ohne Zwischenfälle vollstreckt werden kann, muss die Todeskandidatin bereitwillig ihre Rolle übernehmen. Sie muss auch ihren Teil zum Gelingen der Exekution beitragen. Wenn sich die Verurteilte falsch verhält und die Hinrichtung nicht nach Plan und Vorschrift verläuft, dann kann die Prozedur zu einer wahren Metzelei ausarten. Genau das soll im Interesse aller Beteiligten verhindert werden.

Das souveräne Verhalten der Verurteilten kann auch einen anderen Grund haben. Sie setzt sich nicht zur Wehr, weil dies vielleicht der einzige Tag in ihrem armseligen Leben ist, an dem sie im Mittelpunkt steht und ihr Beachtung geschenkt wird. Vielleicht erfährt sie Trost und Halt darin, dass sie die Erwartungen der Gesellschaft erfüllt.

Die Tage vor der Hinrichtung verbringt die Frau im Gefängnis. Dort wird sie auf den Tod vorbereitet. Sie soll sündenfrei sein und als Zeugnis der Gerechtigkeit und Wahrheit fromm und demütig in den Tod gehen. Das kann für die Verurteilte ein weiterer Grund sein, keinen Widerstand zu leisten: das Symbol der Wahrheit zu sein.

Ein anderes mögliches Motiv zeigt sich in psychologischer Hinsicht: In ihrem Unterbewusstsein weiss die Verurteilte, dass ihr eine bestimmte Rolle zugedacht ist. Denn die Menschenmenge hat eine Abneigung gegenüber der Verurteilten und es ist für sie moralisch gerechtfertigt, alle Schuld auf sie zu schieben. So übernimmt die Frau die Rolle des Sündenbockes. Ihr Tod erhält also eine höhere Bedeutung, was sie trotz ihrer aussichtslosen Lage ehrt und jeden Versuch zur Auflehnung brechen kann.

Ganz wichtig für das Gelingen einer Hinrichtung ist die Arbeit des Scharfrichters. Es ist nicht einfach, einen menschlichen Kopf mit einem Hieb vom Körper zu trennen. Gerade bei Frauen misslingt die Enthauptung oft, obwohl man doch eher das Gegenteil erwarten würde: Ein starker muskulöser Männernacken ist härter zu durchtrennen als ein zarter weiblicher Hals. Natürlich spielt die Nervosität des Scharfrichters eine bedeutende Rolle. Ist die Verurteilte jung und attraktiv, ist es wohl für ihn noch schwieriger. Jeder Scharfrichter hat eigene Methoden, wie er Distanz zu seiner Arbeit gewinnen und seine Tötungshemmung überwinden kann. Er muss seine Arbeit verrichten, ist er mit dem Urteil einverstanden oder nicht.[83]

Für diese Arbeit, die nur er allein machen kann, erhält der Scharfrichter *alljährlich auf Weihnacht 7 bz 2 xr.*[84] *Joseph Huber,* Scharfrichter von Bern, kommt für die Hinrichtungen jeweils nach Thun. Er ist der Mann, der Margaritha Hürner enthaupten wird.[85]

Der Buchumschlag zeigt das Richtschwert der Grafschaft Thun, das seit dem 14. Jahrhundert eingesetzt wird. Auch Joseph Huber benutzt es bei seinen Einsätzen in Thun. Es ist das Symbol für die hohe Gerichtsbarkeit, die oberste Macht über Leben und Tod.

Auf dem Schwert sind Gravuren zu erkennen – vielleicht die Initialen der jeweiligen Scharfrichter. Die Buchstaben J.H. sind zwar nicht zu finden; möglicherweise trug Joseph Huber einen Übernamen, den er als Erkennungszeichen eingravierte. Die Vermutung, dass es sich bei den Gravuren um Initialen der Hingerichteten handeln könnte, hat sich nicht bestätigt. Die Initialen M.H. oder M.A. sind auf dem Schwert nicht zu finden.

Das Ceremoniale

Hinrichtungen können nicht willkürlich durchgeführt werden. Alle Beteiligten müssen genaue Bestimmungen einhalten. Das erste Reglement, wie eine Hinrichtung vollzogen werden soll, stammt aus dem Jahre *1805*. Es überlässt nichts dem Zufall.

Es ist anzunehmen, dass dieses Reglement auf die Art früherer Urteilsvollstreckungen gestützt ist. Sicher gelten schon im 17. und 18. Jahrhundert ähnliche Bestimmungen, die aber nicht schriftlich festgehalten sind.

Ceremoniale bey Ausfällung eines Todes Urtheils, dem Lebens Abspruch und der Execution

1. Bey dem Urtheil

An den Meinen Hochgeehrten Herrn Ober Amtsmann angesetzten Tag versammelt sich das Amts Gericht nach dem Inhalt des 19ten und der Instruktion vom 5ten August 1803 auf die bestimmte Stund im Schloss, wo in der Audienz Stuben die Tafel mit dem für diese Fälle geeigneten schwarzen Tuch bedekt ist.

Die Herren Amtsrichter mit Mantel und Degen, die beziehen ihre gewohnten Pläze.

Der Herr Amtsschreiber zur Linken Mshhren. Ober Amtsmannes bey einem besondern Tisch.

Der Herr Ober Amtsmann eröfnet das Gericht, mit der Anzeige, dass die Prozedur von höherer Instanz, spruchreif erkannt worden seye, die Akten und die peinlichen Geseze werden auf dem Tisch deponiert.

Die Prozedur wird abgelesen.

Der öffentliche Ankläger macht nach Anleitung der Vorschrift vom 22t July 1803 seinen Vortrag und Schluss, und der ausgesprochene Defensor seine Vertheidigung, – ist diese aber schriftlich bey der Stelle, so wird sie durch den Amtschreiber abgelesen.

Das mit der Berichterstattung beauftragte Mitglied des Amtsgerichts macht nun einen kurzen Vortrag über die Akten, in welchem er zu erklären hat: ob die faktische Darstellung des Fiskals treu und dem aktenmässigem Befund gemäss sey.

Mshhren. Ober Amtsmann befragt hierauf den Bericht-Erstadter um seine, als die erste Meynung.

Nach geschlossener Umfrage eröfnet Mshhren Ober Amtsmann die seinige.

Er sezt sodann die Schlüsse des Fiskals zum Mehr nach der Ordnung und Sönderung der darum vorhandenen Vorschrift vom 22t July 1803.

Wenn über diese Säze erkennt seyn wird, so spricht hochderselbe das gesamte Urtheil aus, welches innert 3 Mahl 24 Stunden von dessen Ausfällung an gerechnet Meinen Hochgeachten Herren des Appellations Gericht eingesandt wird.

2. Bey dem Lebens Abspruch

Auf den von Mshhren. Ober Amtsmann hierzu angesezten Tag versammelt sich das Amts Gericht wie bey dem Urtheils-Ausspruch mit Mantel und Degen.

Die Tafel ist mit dem schwarzen Tuch bedekt.

Sie beziehen ihre gewohnten Pläze.

Der Amtschreiber zur Linken Mshh. Ober Amtmannes an einem besondern Tisch.

Die Herren Geistlichen, welche die Nacht vor der Exekution den armen Sünder in Sache seines Heils unterstüzen, wohnen bey und nehmen nach den Herren Amtsrichtern Plaz.

Mnhh. Ober Amtsmann kündet dem Gericht die Verhandlung dieses Tages an.

Er ertheilt darauf dem in der Standes Farb dem Gericht abwartenden H. Amtsweibel den Befehl der Vorführung des Armen Sünders.

Dieser überträgt solchen denen in den Vestibule auf Befehl wartenden Landjägern und den Gefangenwärter.

Drey derselben und zwar die des hiesigen Amts nebst dem Gefangenwärter holen den armen Sünder ab, und führen solchen ungefeselt vor das Gericht.

Mnhh. Ober Amtsmann als Präsident des Gerichts kündet dem armen Sünder in einer kurzen Rede an, dass von Mnhgh. des Appellations Gericht das Todes Urtheil über ihn ausgesprochen seye.

Nach dem Lebens Abspruch nimmt einer der anwesenden Herren Geistlichen das Wort, den armen Sünder zu trösten.

Er wird sodann ab und auf das Rathhaus geführt, wohin sämtliche Landjäger ihn begleiten, und einer vor demselben stehen bleibt, ausser den Herren Geistlichen ohne besondere Erlaubnis Mnhh. Ober Amtmannes niemand hinein lässt.

So bleibt auch ihre eine Schildwache aussenher der Thür der Rathstube.

Drey à vier Landjäger dienen zur Bewachung des Armen Sünders in derselben.

Die Herren Geistlichen, die dem Lebens Abspruch beywohnten, nachdem der arme Sünder auf dem Rathhaus angekommen seyn wird, folgen alsobald dahin nach, und verlassen den Armen Sünder nicht, bis er auf den Morndrigen Tag vor die Schranken geführt wird, wo sie dann von andern werden abgelöst werden.

(…)

3. Bey der Execution

Auf die von Mnhh. Ober Amtsmann auf den Morndrigen Tag anzusezende Stunde versammelt sich das Amts Gericht im Schloss mit Mantel und Degen, – sobald das Gericht vollständig versammelt ist, so ertheilt Mnhh. Ober Amtsmann den in der Standes Farb erscheinenden Amtsweibel den Befehl, den Armen Sünder in die Schranken zu bringen, dieser überträgt solchen denen auf Befehl im Vestibule wartenden Landjägern.

Das Amts Gericht verfügt sich sodann von dem Audienz Saal, wo es sich versammelt hatte, nach den Abends vorhin aufgeschlagenen Schranken.

Der Standesweibel mit der Farb voraus sodann.

Mnhh. Ober Amtsmann. Nach demselben der Amtschreiber und nach ihm der Amtweibel.

Von dem Schlosshof bis zu den Schranken geht der gerichtliche Zug vor dem Militär Corps vorbey, welches sich in Haag Ordnung stellt und hernach an die Schranken abtheilt, um Unordnung vorzubeugen.

In den Schranken bezieht das Amts Gericht wie gewohnt.

Die beyden Weibel stehen hinter dem Herrn Ober Amtsmann.

Sobald der Arme Sünder in den Schranken angekommen ist, wohin die Herren Geistlichen mitgehen und sich aussenher denen dem Armen Sünder geeigneten besondern Schranken im Rüken des Maleficanten werden gestellt haben, ertheilt Mnhh. Ober Amtmann dem Herrn Amtschreiber den Befehl, die Todes Urtheil mit vernehmlicher Stimme abzulesen.

Nach diesem beauftragt Mnhh. Ober Amtmann einen Beysizer des Amts Gericht und dem Amtschreiber, zu dem Armen Sünder sich zu verfügen, und demselben zu befragen, ob und was er allfällig noch über die Sache, deren wegen er verurtheilt worden, anzubringen habe? Die Antwort bringt der Amtschreiber ad Protocollum.

Hierauf ruft der Herr Ober Amtmann; «Scharfrichter tritt hervor und vollstrecke an diesem Armen Sünder das über denselben ausgesprochene Urtheil.»

Mnhh. Ober Amtsmann und das Amts-Gericht trittet so dann in gleicher Ordnung wie es in die Schranken kam ab und in den Audienz Saal, legt die Mäntel weg, und steigt zu Pferdt.

Während der Arme Sünder vor den Schranken steht, wird die kleinere Gloke geläutet und eine viertel Stund damit angehalten.

Der Scharfrichter reitet 50 Schritt voraus mit der Standesfarb.

Ein Standes Weibel mit der Standesfarb 40 Schritt nach demselben.

Mnhh. Ober Amtsmann mit dem Blutstaabe in der Hand.

Zu seiner Rechten sein Amtsstatthalter, kömt dieser nicht, der Gerichtsstatthalter.

Zur Linken der Amtschreiber.

Die beyd übrige Herren Amtsrichter.

Ein Militär-Détachement.

Einiche Landjäger.
Der Arme Sünder.
Zu beyden Seiten die Herren Geistlichen die Knechten des Scharfrichters, die den Armen Sünder führen.
Einiche Landjäger, die ein Trunk für den Armen Sünder bey sich haben sollen.
Ein Militär Détachement.
Ein Wägeli mit einem Pferd.
Beym Hochgericht am Fusse des Berges angekommen, hält der Zug still, der Arme Sünder unter der obigen Bedeckung geht vorbey auf die Richtstatt.
Die Arrier Garde schliesst sich hinten an den Amtsweibel.
Sobald die erste Militär Abtheilung auf der Richtstatt angekommen seyn wird, defiliert sie rechts und stellt sich auf eine Linie in einem halben Zirkel zu Abhaltung des Volks, die zweyte Abtheilung defiliert links bildet auf einem halben Zirkel, und schliesst sich an die erste Abtheilung an.
Nach der Execution, auf die Anfrage des Scharfrichters, wie er gerichtet habe?
Erwiedert demselben Mnhh. Ober Amtsmann: Du hast deine Pflicht getan. oder nach misslungener Execution, du wirst dich zu verantworten haben.
Nach diesem kehrt der gerichtliche Zug in gleicher Ordnung, wie er auf die Richtstatt kame, zurück, bis auf das Schloss, als wo dessen funktion für diesmal sich endigt.
Das Militär Détachement folgt nach, und bezieht das demselben angewiesene Quartier.
Also vom Mnhgh des Justiz Raths genehmiget, den 28ten Januar 1805.

Dieses *Ceremoniale* wird im Jahre 1826 bedeutend erweitert, indem man *Besondere Instruktionen* für den Zimmermann zur Errichtung von Richterstuhl und Richtstätte sowie Anweisungen für Militär und Landjäger zusätzlich formuliert.[86]

N.º I
Anordnung beÿm Richterstuhl.

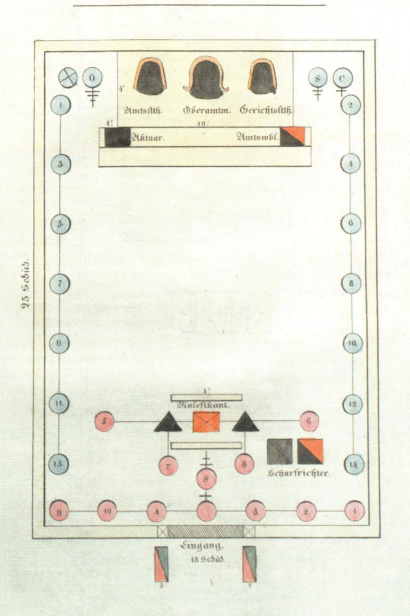

N.º II.
Zuordnung nach der Richtstatt.

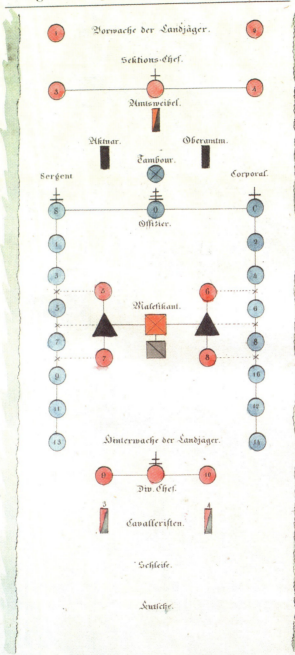

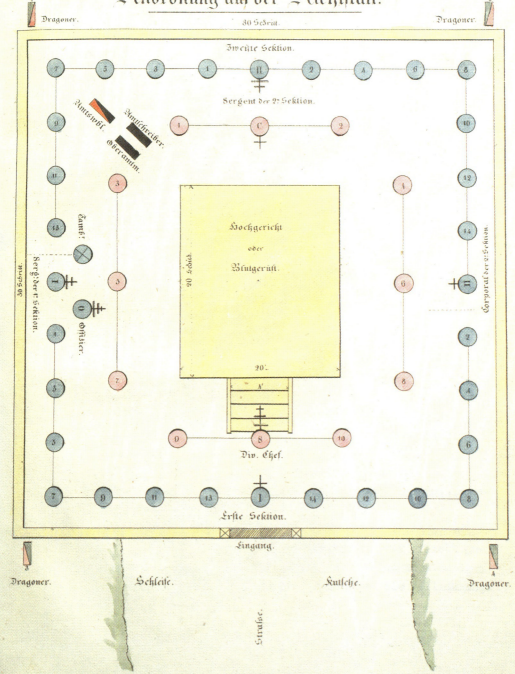

Die Hinrichtung von Margaritha Hürner

Seit dem *13. Januar 1796* wartet das Thuner Chorgericht auf die Reaktion von Bern. Am *2. Hornung* trifft die Antwort ein. Der Rat von Bern teilt mit:

> *Nachdem wir nun sowol die daherige Prozedur, als dieses unterm 13.ten Jenner 1796 darüber ausgefällte Urtheil haben erdauern und darüber Uns den Rapport erstatten lassen, so haben wir befunden, es seye hierüber von der Stadt Thun wohl geurtheilt worden und solle mithin dieses Todes Urtheil bestätiget, und an der unglüklichen Hürner gewohnter Üebung nach vollzogen werden. Welches ihr der Stadt Thun zu dem Ende eröfnen werdet. Gott mit Euch.*[87]

Nachdem die
nun sobal die dies=
=järige Frohnung, als die=
=ses im Appen 13.ten Ja=
=nuar 1796. darüber
ausgefüllte Rathteil
haben erlangen und
darüber Ausdem Rag=
=hof aufstaten lassen,
so haben die befunden,
es seÿe hinnehnen
von der Welt Sehen
wohl zu des Theils bor=
=den

Am gleichen Tag erhält *Karlferdinand von Sinner* ein Schreiben von seinem Amtskollegen, dem Schultheissen von Bern. Dieser überprüfte alle Akten der *Criminal Prozedur über die Kindsmörderin Hürner von Thun* und berichtet: Es sei aufgefallen, dass die Frau *über die Paternität ihres Kindes ist befragt worden, ohne dass ein gegründeter Verdacht von Complicität vorhanden war, noch nachwerts sich erzeigt hat.* Damit will er aufzeigen, dass man ja gar nicht weiss, ob dieser genannte *Vatter würklich als Mitschuldiger angesehen werden kan*. Weiter schreibt er, dass man es im Fall Hürner auf sich beruhen lassen wolle; *in künftiger Wegweisung* aber solle der Vater auch noch *darüber inquiriert*, also befragt werden.[88]

Am *16. Hornung* trifft sich der *Extra Raht* zu einer erneuten Verhandlung. Die bevorstehende *Execution* ist vom Chorgericht unter *President Schultheiss von Sinner*, auf *Donnstag der 25. dies angesezt* worden.

Es wird angeordnet, dass der Lebensabspruch am Abend vor der Hinrichtung durch *M.H. Schultheiss als President der hiesigen Versammlung* erfolgen soll. Im Folgenden werden Personen aufgezählt, die *sollen dannzumal annoch beywohnen: Venner Koch, die zween jüngsten Herren des Rahts, Herr Stähli und Herr Studer, die zween älteren Herren zu Burgeren, so nicht unpässlich, nämlich: Herr Zollner Täuscher*, Ehemann der Hebamme Täuscher, und *Herr Leut. Lanzrein – nebst den Herren Pfarrherren*.

Sämtliche Leute werden gebeten, sich am erwähnten Tage in *schwarzer Kleidung* im *Schloss zu versammlen* und sich von da mit dem *Schultheiss auf das Rahthaus* in die *Räht u. B-Stuben* zu begeben.

Am Tage der Hinrichtung soll das Blutgericht aus folgenden Personen bestehen: *Herr Schultheiss als President, die beiden Venner, die zween jüngsten Rahtherren.* Zusätzlich sollen erscheinen: *vom Raht der alt Spittalvogt Tschaggenj. Von den Bürgern die 6 ältesten* sowie *alt Grossweibel Rubin, Herr Zollner Kaufmann, alt Waysenvogt Engemann, alt Kleinweibel Lehnherr, Herr Haubtmann Müller und Kaufhausmeister Bürkj*.

Bey der Execution dann sollen beywohnen: Herr Schultheiss, die beiden Venner, Herr Haubtmann Müller, und Kleinweibel Lehnherr, nebst dem Secretaris; – alles in schwarzer Kleidung.

Den Herren, die bei der Hinrichtung dabei sein müssen, bleibt keine Wahl. Es ist ihre Pflicht zu erscheinen. Sicher werden sie aber nicht die einzigen sein, denn das Volk wird dieses Ereignis nicht verpassen wollen.

Gegen Ende der Verhandlung wird entschieden, eine Kommission für weitere Vorbereitungen zu ernennen. Diese *endverrordnete Comihsion* besteht aus *den beiden Venner, Herr Sekelm: Schneider, Herr Haubtmann Müller und Kleinweibel Lehnherr.* Sie erhält den Auftrag, *die Bewachung der Delinquentin am Hinrichtungstag, die Errichtung von den Schranken vor dem Rahthaus, das Schafott auf der allmendt und alles überhaubt zu besorgen.* Zudem soll sie *ein Schreiben an Herr Grossweibel v. Wattenwyl aberlassen, wegen dem Scharfrichter und dem Blutstab*. Der zuständige Scharfrichter Joseph Huber wird also erst jetzt benachrichtigt. In neun Tagen wird er seinen nächsten Einsatz haben; er muss sich darauf vorbereiten und das Richtschwert neu schleifen und polieren.[89]

Am *17. Hornung 1796* trifft sich die neu ernannte Kommission unter dem Präsidium eines Venners und beschliesst:

> *Sobald die Delinquentin aus dem Zuchtthaus*
> *wird in die Gefangenschaft auf das*
> *Rahthaus gebracht word seyn, solle beständig*
> *seine militarische Wache vorhand seyn, –*
> *vor dem Lebensabspruch ohne Montur mit*
> *dem Seitengewehr; – bey dem Lebensab-*
> *spruch und bey der Hinführung zur Richt-*
> *statt, in völliger Montur und Armatur.*

Weiter wird angeordnet, dass *diese Wache* aus vier Männern und einem *Caporal* bestehen soll. Zum Zeitpunkt der Hinrichtung, *bey dem ausführen*, sollen 22 Männer, ein Leutnant und ein *Unter Offizirr* anwesend sein. Der Unteroffizier wird vom *Trüllmeister Haubtmann Knechtenhofer* ausgewählt. Der *hiesige Hintersäs Nikl. Bürkj von Bern* bekommt den Auftrag, eine *Schlüpfe* oder einen mit Sitz ausgeführten *Schlitten* zu besorgen. Wegen der *Unpässlichkeit der Maleficantin* solle ein Tragsessel in Bereitschaft seyn.

Herr Grossweibel Stähli soll *1 Tischlein mit einem schwarzen Tuch parat halten. Herr Spittalvogt und Zimmermeister Anneler müssen die Schranken und Schafott verfertigen.*[90]

Jede Einzelheit wird vorbereitet. Die Hinrichtung muss klappen. Nichts darf misslingen.

Am *23. und 24. Hornung* wird Margaritha Hürner von einer zusätzlichen Mannschaft bewacht. Dabei wäre es vielleicht gerade jetzt für Margaritha wichtig, alleine zu sein. Die Wachmannschaft erhält als Lohn *10 Pfund Brodt*. Am *25. Hornung* wird die Gefangene von den Wachen rund um die Uhr beaufsichtigt. Die Männer werden für ihren Einsatz mit *je 2½ Mass Wein* entschädigt.[91]

Zu ihrer Hinrichtung geht Margaritha Hürner zu Fuss durch die Stadt zur Richtstätte auf der Allmend, begleitet von zwei *Predikanten* und bewacht von drei Harschierern. Die Wachsoldaten lassen das neugierige Volk nicht an den Zug heran. Die vornehmen Leute fahren mit einer Kutsche. Dazu benötigt man acht Pferde.

Ob Hans Rebgässli auch unter den Neugierigen ist, weiss man nicht. Am *24. Januar 1795* muss er wegen des Streits um den Fussweg an eine Gerichtsverhandlung.[92] Auch zu den weiteren Versammlungen, die in diesem Zusammenhang stattfinden, erscheint er pflichtbewusst: am *21. Hornung 1795, 21. Merz 1795, 18. April 1795 und 11. Brachmonat 1795*.[93] Am *10. Merz 1796* stirbt seine Ehefrau Christina Zimmermann, geb. Bürki.[94] Gegen Ende Mai 1796 wird Zimmermann erneut zu einer Gerichtsverhandlung aufgeboten. Er erscheint nicht.[95]

Am *25. Hornung 1796*, als Margaritha Hürner in Thun enthauptet wird, schreibt die *Neue Zürcher Zeitung*, dass ein Mann *im äusseren Krankenhaus bey Bern unterhalten und besorgt* wird. Es handelt sich um einen *Fremden*, der vor Tagen *bey Därstetten im Amt Wimmis bis auf zerrissene Beinkleider ganz nackend herumgeirrt* ist. Dieser *verruckte junge Mensch nennt sich Johannes Höfler, mag ungefähr 20 bis 25 Jahre alt sein, ist bey 5½ Bernschuhe hoch, fetter Statur, hat halbe Haare und Augenbrauen* und spricht *graubündnerisch*. Jemand solle diesen Mann doch abholen.

Und man liest, dass ein *Heinrich Landis aus dem Hirzel* aufgerufen wird, *innert den nächsten 6 Wochen wegen der Unterhaltung seiner hinterlassenen ausserehelich erzeugten 3 Kinder im Lande zu erscheinen*.

Weiter wird gemeldet, dass die *Wiener Erzherzogin Christine von Sachsen auf ihre vielen und grossen Güter Millionen aufgenommen hat, um sie dem Staat vorstrecken zu können*. Deutschland will *100 tausend Mann grosse Grenztruppen gegen die Franzosen marschieren lassen*.

Schliesslich wird an diesem *25. Hornung* berichtet, dass unter den fremden Offizieren, die am 24. Dezember in Konstantinopel angekommen *und in türkische Dienste getreten sind*, sich auch der *General Cook aus London* befinde. Von diesem Mann heisst es, *dass er ein Neffe des berühmten Weltumseglers dieses Namens sey.*[96]

Da Margaritha hingerichtet worden ist, darf sie nicht auf dem Friedhof begraben werden. Ihr Körper wird in nicht von Gott gesegnete Erde begraben.

1796 werden in Thun *16 Mannspersonen und 26 Weibspersonen* sowie *23 Kinder* beerdigt. Im weiteren sind 9 Kinder aufgelistet, die ungetauft verstorben sind. Von den *summa* 65 verstorbenen Personen sind *33 burgerle. Leichen*. In der Stadt Thun ist in diesem Jahr kein Bevölkerungswachstum zu verzeichnen: Es sind 5 Menschen mehr gestorben als *gebohren*.

Margaritha Hürner ist in dieser Aufzählung nicht berücksichtigt. Sie ist es anscheinend nicht einmal wert, in einem *Todtenrodel* erwähnt zu werden.

Die Kosten der Hinrichtung

Die Formalitäten einer Exekution werden auch eingehalten, wenn die Verurteilte mittellos ist und somit die ganze Prozedur auf Staatskosten geht. So heisst es am *15. März 1796* in einem Chorgerichtsmanual: *Die von Sekelmeister Schneider bestrittene zimliche Margarita Hürnerische Criminal Verköstigung solle einmal ihr der Missethäterin Vermögen nicht hinreiche, aus der Cassa ihrer vergütet werden. Über die Delinquentin Vermögen solle der Kammer ordentlich Rechenschafft abgelegt – und darüber auch eine ordentliche Rechnung gezogen und solche ad acta gebracht werden.*[97]

Die Aufgabe des Säckelmeisters Johannes Schneider besteht darin, alle Ausgaben festzuhalten. Er verfasst eine Rechnung *der Criminal Kösten wegen dera dn 25 Hornung mit dem Schwert hingerichtet*. Unter anderem werden folgende Personen entschädigt:

	Kr	*bz*	*xr*
dem Schultheiss von Sinner allhier wegen besteigung des Todes urtheil Siegelgelt und emolument auf Bern zu senden	1	22	2
An dem executionstag die Geistlichen von dem Richtblaz mit der Kutschen abzuholen Zahlte der Frau Wittib Kräbseren Knächt	1	15	
für das Mittagessen zahlte dem Herr Ofenfüssler Laut Conto	4	20	
dem Dekan Stähli für den Trost beim lebensabspruch zahlt	4	20	
und für die besuchungen der Malificantin	3	5	
Herrn Pfarherr Frank	3	5	
Herrn Pfarherr Ernst zu Blumenstein und Herrn Vicari Kuhn zu Sigriswil so die Maleficantin zur Richtstatt begleitet jedem 4 Kr 20 bz ist	9	15	
dem Sigrist für das Läuten		7	2
dem Scharfrichter laut Conto	9	15	
Der Jungfer Maria Stähli für Essen und Trinken und erquikung und für ein schwarzes Tischtuch Laut Conto zahlt	5	10	2
Dem Herrn Chirurgen Stettler für Hülf und Medicament zahlt laut Conto	24	22	
Dem Niklaus Bürki für Holz und Laden auf den Blaz und Hochgricht zu führen laut Conto	2	7	2
Dem Herrn Haubman Knätenhofer für die Wacht vor und bey der execution zahlt laut conto	19	12	2
Dem Spithalvogt Anneler für die gemachten Zurichtungen bey der Execution for dem Rahthaus und auf der Allment beim Hochgericht Laut Conto	25	20	

1796

		Pertransport - - - - - - - - - -	71	21
Febr.	25	Dem Gricht für das Lnüthen - - - - -		7
No 6	-	Dem Scharfrichter Laut Conto - - - -	9	15
No 7	-	Dem Thurnmhal Laut Conto - - - -	9	15
		Dem Niclaus Würbi dem Maleficanten auf den Richt= platz zu führen samt trinkgelt bezahlt - - -	1	15
No 8	-	Der Gsinnr Maria Pfäfli für Essen, trincken und Arzneyung und für ein Schwarzes Gschirr Laut Conto zahlt - - - - - - - -	5	10
No 9	-	für einn Knüwer Dten auß dem Schallenhauß samt porto Laut Conto zahlt - - - - -	3	12
No 10	-	Dem Herren Chirurgus Wüttler für Mühe und Mediament zahlt Laut Conto - - - - -	24	22
No 11		Dem Niclaus Würbi für Holz und Laden auf den Blaz und Hochgricht zu führen Laut Conto	3	7
No 12		Dem Herren Haubtman Quatenhofer für die Wacht vor und bey der Execution zahlt Laut Conto	19	12
		Denen 2 Gsistern Pfäfli für Essen Mühwalt auf dem Rathauß trinkgelt geben jeder 10 ß ist - - Essen negst -		20
		Der Zuchtmeistrin für ihr Mühwalt trinkgelt	1	15
No 13		MGHL Criminal examinatoren und Schreiber zahlt Laut Conto - - - - - - -	24	18
		für ein Enthstatt zurecht zumachen zahlt - -		2
No 14		MGHL Schalbogt Künler für die gmachten Zurüstungen bey der Execution vor dem Rathauß den aber der Allment beim Hochgricht Laut Conto	25	20
		für den Samtlichen Offert bey der Execution per 15 ß ist - - - - - - -	4	20
		für eine Betstunde in die Kefig - - - -		15

1796 d 21 Merz hab ich diese Criminal Kösten von MGHL Cassa Herr Venner nachgangner Gschrift Johannes Düffli Bahnmeister = 206 ß 8 :

Weiter wird vermerkt, *denen samtl. anwesendn Pfarrherren solle ein Morgenessen im Freyenhof mit dem Seckelmeister gegebn werdn.*

Das Total der *Criminal Kösten* beläuft sich auf *206 Kr 8 bz 2 xr*. Am *21. März 1796* legt *Seckelmeister Schnyder dem Cassa Verwalter* die Rechnung vor. Dieser kontrolliert sie und übergibt dem Säckelmeister den entsprechenden Betrag, der nun verteilt werden kann.[98]

Damit ist der Fall Hürner abgeschlossen.

Anhang

Die Kosten im Vergleich mit Preisen und Löhnen

Offizielles Geldsystem in Bern 1770–1798:

1 Krone (Kr)   = 25 Batzen (bz) = 100 Kreuzer (xr)
                     1 Batzen (bz)   4 Kreuzer (xr) = 8 Vierer
                                      1 Kreuzer (xr) = 2 Vierer

Die Hinrichtung von Margaritha Hürner kostet 206 Kr 8 bz 2 xr. Vergleicht man diesen Betrag mit den Preisen für Lebensmittel oder Kleidung, so wird deutlich, dass sich die Stadt Thun den Prozess einiges hat kosten lassen.

Zeitraum 1794–1798

1 Pfund Käse	5–6 Batzen
1 Pfund Fleisch	ca. 3 Batzen
1 Mass Wein	2–3 Batzen
1 Paar Schuhe	ca. 30 Batzen
1 Mahlzeit für eine Familie	9 Batzen

Ein Lateinlehrer hat 1798 einen Jahreslohn von 293 Kr 15 bz. Ein Handwerker hingegen, ein Bürger aus der Unterschicht, verdient im Tag 5–7 Batzen. Er muss also mehrere Jahre arbeiten, um eine solch hohe Summe zusammenzutragen. Bei einem Landvogt entsprechen die Hinrichtungskosten einem Monatslohn.[99]

Arbeitsmethode

Als ich im März 1998 mit meiner Forschungsarbeit begann, konnte ich die alte deutsche Kurrentschrift nur mit grosser Mühe lesen. Es gelang mir anfangs nicht einmal, einzelne Wörter zu entziffern. Mit Hilfe der Vorlage auf Seite 80 f. lernte ich die verschiedenen Gross- und Kleinbuchstaben kennen und konnte die Dokumente Wort für Wort transkribieren. Jedes Mal, wenn ich ein neues Manual zur Hand nahm, hoffte ich, dass der Schreiber mit gut leserlicher Handschrift geschrieben hatte.

Ich beschäftigte mich so intensiv mit dem Fall Hürner, dass ich nach ein paar Wochen vieles ohne grössere Probleme lesen konnte. Manchmal aber sass ich stunden- oder tagelang vor einem einzigen Wort und kam nicht weiter. Obschon mir nur dieses eine Wort fehlte, verstand ich den Sinn eines ganzen Satzes nicht. Ich wusste zwar, dass dieses Dokument etwas mit Margaritha Hürner zu tun hatte, konnte es aber in keinen Gesamtzusammenhang stellen. So legte ich es beiseite. Wochen später begegnete mir das gleiche Wortbild in einer andern Quelle erneut. Ich konnte es auf Anhieb übersetzen. Ich verglich die beiden Wörter miteinander. Da es sich oft tatsächlich um das gleiche Wort handelte, konnte ich es jetzt in beiden Quellen transkribieren. Ich kam wieder einen kleinen Schritt weiter.

Am Anfang hatte ich kein Suchsystem. Im Archiv nahm ich einfach auf gut Glück ein Buch aus dem Regal. Diese Manuale müssen sehr sorgfältig behandelt werden, da sie oft in ziemlich schlechtem Zustand sind. Bei vielen müssen zuerst Knoten gelöst werden, bevor man sie öffnen kann.

Die meisten Bücher sind sehr gross und schwer. Einmal stöberte ich in einem Buch, das ich zuerst mehrere Male aufklappen musste. Am Schluss hatte es die Grösse eines Tischtuches. Andere Bücher wiederum haben ein sehr kleines Format, was das Lesen noch schwieriger machte. Fast jedes Buch ist auf dem Rücken beschriftet. Wenn mich diese Stichworte ansprachen, öffnete ich es. Zu meinem Erstaunen traf ich aber ab und zu Bücher an, in denen ich trotz genauer Bezeichnung auf lauter leere Seiten stiess.

Ich arbeitete hauptsächlich im Burgerarchiv in Thun, wo mir der Archivar viele gute Tipps gab. Da Margaritha Hürner von Sigriswil kam, besuchte ich auch das dortige Kirchgemeindearchiv. Vielfach führte mich die Spurensuche nach Bern ins Staatsarchiv.

Als ich nach einiger Zeit mehrere Dokumente über den Fall Hürner zusammengetragen hatte, begann ich ganz gezielt nach Quellen zu suchen. Ich suchte nach Schlagwörtern wie «Hinrichtung» oder «Seirecht», nach Daten oder nach Namen. Am einfachsten zu finden waren die Namen, da einige Bücher ein separates alphabetisches Verzeichnis haben. Trotzdem war ich nie ganz sicher, ob im Verzeichnis auch wirklich alle Personen aufgeführt worden waren. So blieb mir nichts anderes übrig, als alle Seiten im fraglichen Zeitabschnitt durchzusehen.

Wenn ich ein Dokument über Margaritha Hürner oder ihre Verwandten und Bekannten gefunden hatte, freute ich mich über jede weitere Einzelheit. Neugierig wie ich bin, wollte ich aber stets wissen, wie die Geschichte weitergeht. Um mehr zu erfahren, musste ich meiner Fantasie freien Lauf lassen. Ich schaffte Querverbindungen und überlegte mir alle möglichen Varianten, wie die jeweiligen Personen gehandelt haben könnten. Diese Möglichkeiten musste ich anschliessend in den entsprechenden Manualen nachprüfen. Manchmal bestätigte sich eine Idee; nicht selten blieb die stundenlange Suche jedoch ohne Ergebnis.

Der grösste Erfolg war die Entdeckung der Verhandlungsprotokolle und des *Visum Repertum* im Thuner *Turmbuch*. Ich konnte mehr als 100 Seiten transkribieren und erfuhr, wie die Befragungen mit Margaritha Hürner durchgeführt worden waren. Für mich war es, als lernte ich Margaritha jetzt ganz persönlich und unmittelbar kennen.

Dann wieder fand ich Quellen, über die ich mich gar nicht freute. Sie führten mich in Sackgassen und stellten mir das bisher Erforschte auf den Kopf. Einmal stiess ich auf einen Rudolf Hürner mit der Berufsbezeichnung «Schlosser». Ich war verwirrt, dass neben dem Rudolf Hürner, Nagler, nun ein Schlosser gleichen Namens auftauchte. Welcher Hürner war «mein» Hürner? Glücklicherweise fand ich den Schlosser Hürner schliesslich in einem Totenrodel. Sein Todesdatum bestätigte mir, dass er während der von mir erforschten gemeinsamen Zeit von Rudolf Hürner, Nagler, mit Margaritha Hürner schon nicht mehr gelebt hatte.

Auch wenn ich während meiner Nachforschungen manchmal nicht weiterwusste oder nur sehr langsam vorwärts kam – die Freude an der Detektivarbeit und an dieser spannenden Spurensuche hat immer überwogen.

Kleinbuchstaben   Verdoppelungen

ff

ss

tt

Verbindungen

dt

sch

sp

st

Grossbuchstaben

Wörterverzeichnis

annoch	auch noch
Augstmonat	August
Blutstab	Stab, der nach dem Vollzug des Todesurteils zerbrochen wird
Brachmonat	Juni
B-Stuben	Burgerstuben
bz	Batzen
Christmonat	Dezember
Communicantenrodel	Verzeichnis der Konfirmanden
Complicität	Komplizenschaft
Delinquentin	Angeklagte
Deponentin	Zeugin
edictalitereit	amtlich vorgeladen
Emolument	Schreib- und Verwaltungsgebühr
Examinator	Untersuchungsrichter
Grossweibel	Ratsdiener
Harschier	Polizist
Helvetik	1798–1803 (Helvetische Republik: durch Frankreich errichteter schweizerischer Staat)
Herbstmonat	September
Heumonat	Juli
Hintersäs	Einwohner, der nicht das Bürgerrecht des Wohnortes besitzt
Hornung	Februar
inquirieren	befragen
Jenner	Januar
Kleinweibel	Ratsdiener
Kr	Krone
Leümdens Zeügsame	Leumundszeugnis
Maleficantin	Missetäterin
Manual	Verzeichnis
Merz	März
Mnhgh.	Titulatur (Abkürzung für: Mein hoch geehrter Herr)
Mnhh.	Titulatur (Abkürzung für: Meine Herren)
Paternität	Vaterschaft
Predikant	Hilfsprediger
Scharrer	Wundarzt ohne Medizinstudium
Schlüpfe	Schleifvorrichtung (hier: Schlitten)
Schranken	Absperrung, umgrenzter Platz

Schultheiss	oberstes Organ der Stadt, Regierungsstatthalter, Stadtpräsident, Vorsitzender des Gerichtes und Militärs
Seirecht	Anteil an einer Alp (hier: Weideplatz)
Sekelamt	Finanzverwaltung der Stadt unter der Leitung des Säckelmeisters
Spendamt	Spendkasse unter der Verwaltung des Spendvogtes
Spitalamt	Verwaltung der Güter des Thuner Spitals durch den Spitalvogt
Stapfe	Doppelleiter zum Übersteigen eines Zauns, hier ist der Zaun selber gemeint
Stümpelarzt	hausierender Arzt ohne Patent
Trüllmeister	Unteroffizier, leitet den Einsatz der Milizen im Rahmen der Zeremonie
Turban	Torf
Venner	die zwei wichtigsten Ämter nach dem stets von Bern eingesetzten Schultheissen
Visum Repertum	medizinischer Befund
Vogt	Vormund, Rechtsvertreter
Votum decisivum	Abstimmung, entscheidende Stimme
Waisenkisten	zweckgebundene Kassen für das Waisengut
Waysenvogt	Verwalter des Waisenhauses
Weinmonat	Oktober
Wintermonat	November
Wittib	Witwe
Xbris	Dezember
xr	Kreuzer
Zollner	Zöllner

Abbildungsverzeichnis

Umschlag vorn:	Schwert, mit dem Margaritha Hürner enthauptet worden ist. Hintergrund: Gravuren auf der Klinge (Ausschnitt). Richtschwert der Grafschaft Thun, Schlossmuseum Thun, 4501 WD 0305
Seite 10:	Taufrodel, St.A.B. K Sigriswil 4, S. 87 (Ausschnitt)
Seite 14:	Vogtsrechnungenbuch 1, BAT 1061, S. 490
Seite 18:	Seygut, Kommissions Manual 1794–1800, BAT 1489, S. 44 (Ausschnitt)
Seite 20:	Turmbuch, BAT 254, S. 366 f. (Ausschnitte)
Seite 26:	Turmbuch, BAT 254, S. 374
Seite 29:	Turmbuch, BAT 254, S. 378 (Ausschnitt)
Seite 31:	Turmbuch, BAT 254, S. 379 (Ausschnitt)
Seite 33:	Turmbuch, BAT 254, S. 381 f. (Ausschnitte)
Seite 37:	Turmbuch, BAT 254, S. 389 f. (Ausschnitte)
Seite 39:	Wagner Johann Friedrich, Thun. Aus: Burgen und Schlösser der Schweiz, Bern 1840. – Auf der Abbildung ist der Turm am rechten Bildrand hinter den Bauernhäusern zu erkennen.
Seite 42:	Turmbuch, BAT 254, S. 392 (Ausschnitt)
Seite 45:	Bentely, BAT Plan 1, A. Lanz, L. Bentely, 1785
Seite 46:	Chorgerichtsmanual 15, BAT 246, S. 65 (Ausschnitt)
Seite 50:	Turmbuch, BAT 254, S. 396 f.
Seite 53:	Carl Ferdinand von Sinner, Schultheiss von Thun. Ölporträt von Mottet Johann Daniel, 1803, Schlossmuseum Thun 5304 / B 827
Seite 55:	Turmbuch, BAT 254, S. 415 (Ausschnitt)
Seite 57:	Knechtenhofer Johannes, Thun. Aquarell nach einer Handzeichnung von 1779, Schlossmuseum Thun, 238 / B 18
Seite 64 ff.:	St.A.B. BIX 1088
Seite 68:	St.A.B. BIX 660, S. 427 (Ausschnitt)
Seite 70:	BAT Schachtel 9, Nummer 48 (Ausschnitt)
Seite 74:	BAT Schachtel 9, Nummer 52
Seite 80 f.:	Nach einer Abbildung von Schmocker Hans, in: Schulpraxis 4, 8. Dezember 1988
Umschlag hinten:	Gravuren auf der Klinge (Ausschnitt). Richtschwert der Grafschaft Thun, Schlossmuseum Thun, 4501 WD 0305

Quellen

BAT = Burgerarchiv Thun
St.A.B. = Staatsarchiv Bern
SBT = Stadtbibliothek Thun

[1] BAT Schachtel 9, Nummer 48
[2] Turmbuch, BAT 254, S. 361–362, 368–369
[3] Turmbuch, BAT 254, S. 362–363
[4] Taufrodel, St.A.B. K Sigriswil 4, S. 87
[5] Verzeichnus aller jetzigen bevohlen der Gemeinde Sigriswil, Kirchgemeindearchiv Sigriswil, S. 359
[6] Rodel der Communicanten der Gemeinde Sigriswil 1750–1813, Kirchgemeindearchiv Sigriswil, S. 40
[7] St.A.B. BXI 132
[8] C.F.L. Lohner, Genealogien der burgerlichen Geschlechter der Stadt Thun, Band D–H, S. 555, BAT (Dep. SBT)
[9] Missiven des Oberchorgerichtes 1766–1797, BAT 672, S. 225–227
[10] C.F.L. Lohner, Genealogien der burgerlichen Geschlechter der Stadt Thun, Band D–H, S. 555, BAT (Dep. SBT)
[11] Missiven des Oberchorgerichtes 1766–1797, BAT 672, S. 225–227
[12] Chorgerichtsmanual 14, BAT 245, S. 521–523
[13] Ratsmanual 27, BAT 87, S. 117
[14] Kommissionsmanual 1784–1791, BAT 134, S. 41
[15] Kommissionsmanual 1784–1791, BAT 134, S. 52
[16] Spitalrechnungen 1786–1790, BAT 1318, 1787/88, S. 85
[17] Vogtsrechnungenbuch 1, BAT 1061, S. 487
[18] Erneurte Gerichts-Satzung vor die Stadt Bern und derselben Teutsche Städte und Landschafften Bern, Gedruckt in Hoch-obrigkeitlicher Druckerey, 1762, BAT 1373
[19] Vogtsrechnungenbuch 1, BAT 1061, S. 487–490
[20] C.F.L. Lohner, Genealogien der burgerlichen Geschlechter der Stadt Thun, Band D–H, S. 555, BAT (Dep. SBT)
[21] Spitalrechnungen 1786–1790, BAT 1318, 1788/89, S. 59 ff.
[22] Sekelamtsrechnungen 1787–1791, BAT 1270, 1787/88, S. 37
[23] Vogtsrechnungenbuch 1, BAT 1061, S. 490–491
[24] Waisenmanual 13, BAT 180, S. 39
[25] Vogtsrechnungenbuch 1, BAT 1061, S. 491
[26] Waisenmanual 13, BAT 180, S. 33
[27] Vogtsrechnungenbuch 1, BAT 1061, S. 492
[28] Waisenmanual 13, BAT 180, S. 58–59
[29] Spitalrechnungen 1786–1790, BAT 1318, 1788/89, S. 67
[30] Vogtsrechnungenbuch 1, BAT 1061, S. 492
[31] Waisenmanual 13, BAT 180, S. 185
[32] Vogtsrechnungenbuch 1, BAT 1061, S. 492
[33] Ratsmanual 28, BAT 88, S. 277
[34] Spitalrechnungen 1790–1795, BAT 1320, 1792/93, S. 32, 73
[35] Kataster 1801, BAT 359, Nummer 419
[36] Vogtsrechnungenbuch 1, BAT 1061, S. 493
[37] Spitalrechnungen 1790–1795, BAT 1320, 1792/93, S. 32, 73
[38] Waisenmanual 13, BAT 180, S. 393
[39] Spitalrechnungen 1790–1795, BAT 1320, 1792/93, S. 95, 104, 107
[40] Seygut, Kommissions Manual 1794–1800, BAT 1489, S. 44
[41] Turmbuch, BAT 254, S. 374
[42] St.A.B. BV 144, S. 105
[43] Ratsmanual 27, BAT 87, S. 245
Rechtsquelle des Kantons Bern, Das Stadtrecht von Bern, Band 8, S. 228
[44] Turmbuch, BAT 254, S. 364
[45] Spitalrechnungen 1786–1790, BAT 1318, 1789/90, S. 57, 77
[46] Ratsmanual 28, BAT 88, S. 125
[47] Spendamtrechnungen, 1794–1799, BAT 1218, 1794/95, S. 17 f., 22
[48] Turmbuch, BAT 254, S. 364–373

[49] Ratsmanual 27, BAT 87, S. 678–679
[50] C.F.L. Lohner, Genealogien der burgerlichen Geschlechter der Stadt Thun, Band S–T, BAT (Dep. SBT)
[51] Sanitätswesen, St.A.B. BXI 136, S. 39–57
[52] Ratsmanual 28, BAT 88, S. 17
[53] Pensionenbuch, BAT 283, S. 70
[54] Spitalrechnungen 1786–1790, BAT 1318, 1788/89, S. 50–59
[55] Turmbuch, BAT 254, S. 374–378
[56] Chorgerichtsmanual 13, Kirchgemeindearchiv Steffisburg, S. 128
[57] Chorgerichtsmanual 12, Kirchgemeindearchiv Steffisburg, S. 351
[58] St.A.B. Bez. Thun A360, S. 529
[59] Chorgerichtsmanual 13, Kirchgemeindearchiv Steffisburg, S. 128–141
[60] Turmbuch, BAT 254, S. 278–285
[61] Jütte Robert, Geschichte der Abtreibung. Von der Antike bis zur Gegenwart. München 1993
[62] Turmbuch, BAT 254, S. 386–391
[63] Pfister Willy, Die Gefangenen und Hingerichteten im bernischen Aargau. Aarau 1995
[64] Blauert Andeas, Schwerhoff Gerd, Mit den Waffen der Justiz. Zur Kriminalgeschichte des späten Mittelalters und der frühen Neuzeit. Frankfurt am Main 1993. van Dülmen Richard, Frauen vor Gericht. Kindsmord in der frühen Neuzeit. Frankfurt am Main 1993
[65] Turmbuch, BAT 254, S. 392–395
[66] Restanzenkammer Manual 5, BAT 348, S. 177 Chorgerichtsmanual 15, BAT 246, S. 65
[67] Ratsmanual 27, BAT 87, S. 245
[68] Chorgerichtsmanual 15, BAT 246, S. 50
[69] Chorgerichtsmanual 15, BAT 246, S. 56, 65
[70] Chorgerichtsmanual 15, BAT 246, S. 58
[71] Ratsmanual 28, BAT 88, S. 410
[72] Restanzenkammer Manual 5, BAT 348, S. 175
[73] Restanzenkammer Manual 5, BAT 348, S. 167
[74] Restanzenkammer Manual 5, BAT 348, S. 175
[75] Restanzenkammer Manual 5, BAT 348, S. 177
[76] Schnegg Brigitte, Berner Zeitschrift für Geschichte und Heimatkunde. Bern 1982
[77] Turmbuch, BAT 254, S. 396–400
[78] van Dülmen Richard, Frauen vor Gericht. Kindsmord in der frühen Neuzeit. Frankfurt am Main 1993
[79] Turmbuch, BAT 254, S. 401
[80] C.F.L. Lohner, Ämter der Stadt Thun, S. 280, SBT (Dep. BAT)
[81] Turmbuch, BAT 254, S. 403–405
[82] Turmbuch, BAT 254, 408–415
[83] Leder Karl Bruno, Todesstrafe, Ursprung, Geschichte, Opfer. München 1987
[84] Pensionenbuch, BAT 283, S. 102
[85] St.A.B. A 204, S. 129
[86] St.A.B. BIX 864, S. 1–9
[87] St.A.B. BIX 660, S. 427 Turmbuch, BAT 254, S. 421
[88] BAT Schachtel 9, Nummer 48
[89] BAT Schachtel 9, Nummer 48
[90] BAT Schachtel 9, Nummer 48
[91] Spitalrechnungen 1794–1799, BAT 1321, 1795/96, S. 63, 67
[92] Spruchmanual, St.A.B. Bez. Thun A77, S. 80–82
[93] Spruchmanual, St.A.B. Bez Thun A77, S. 103–107 Spruchmanual, St.A.B. Bez Thun A77, S. 137 Spruchmanual, St.A.B. Bez Thun A77, S. 157 Spruchmanual, St.A.B. Bez Thun A77, S. 240
[94] Totenrodel, St.A.B. K Thun 13
[95] Spruchmanual, St.A.B. Bez. Thun A78, S. 319
[96] Neue Zürcher Zeitung, 1796, Nummer 16
[97] Ratsmanual 30, BAT 90, S. 23–24
[98] BAT Schachtel 9, Nummer 52
[99] Lory Martin, Helvetische Münzenzeitung 4/1997

Dank

Für die Unterstützung bei meinen Forschungsarbeiten und seine grosse Hilfsbereitschaft danke ich Peter Küffer, Archivar des Burgerarchivs Thun. Im Weiteren danke ich Dr. Udo Robé, Lehrer am Gymnasium Seefeld Thun, den Mitarbeitern des Staatsarchivs Bern und meiner Lektorin Barbara Luginbühl.